Psicología y Fe Cristiana

Adrian Collins

Página de Derechos de Autor

Indice

Adrian Collins

Un Encuentro Inesperado

La psicología y la fe cristiana parecen, a primera vista, dos campos completamente separados. Por un lado, la psicología se presenta como una ciencia que estudia el comportamiento humano, la mente y las emociones desde una perspectiva objetiva, basada en evidencia. Por otro lado, la fe cristiana se centra en la espiritualidad, en la creencia en Dios y en las enseñanzas de Jesús, promoviendo valores y prácticas que buscan la salvación del alma. Sin embargo, si miramos con más profundidad, podemos encontrar que ambos caminos, aunque diferentes, tienen algo en común: ambos buscan entender y mejorar la vida humana.

A lo largo de la historia, estos dos campos han tenido un encuentro más frecuente de lo que podría pensarse. Durante siglos, la religión cristiana fue una de las principales fuentes de consuelo para las personas que sufrían de problemas emocionales o mentales. En tiempos donde la psicología aún no existía como ciencia, la gente recurría a la iglesia y a su fe para encontrar respuestas sobre el significado de sus sufrimientos, sus angustias y sus dudas internas. La oración, la confesión y el consejo de los líderes religiosos eran las herramientas que se utilizaban para lidiar con las dificultades emocionales. En muchos casos, estas prácticas brindaban alivio a las personas, pues sentían que estaban recibiendo apoyo tanto espiritual como emocional.

Sin embargo, con la aparición de la psicología como ciencia, comenzó a surgir una división. La psicología intentaba explicar los fenómenos emocionales y mentales a través de teorías y estudios, mientras que la religión seguía ofreciendo una visión basada en la fe y en lo espiritual. Muchos psicólogos en sus primeros años de estudio eran escépticos ante la idea de incluir la religión como parte de la comprensión del comportamiento humano. Para algunos, la religión era vista como una fuente de represión o como una forma de control sobre las masas. La iglesia, por su parte, veía con recelo a la psicología, considerándola una amenaza para sus creencias, ya que parecía desviar la atención de lo divino hacia explicaciones más terrenales y científicas.

A pesar de estas diferencias, lo que muchos no consideraron es que la fe cristiana y la psicología no necesariamente tienen que estar en conflicto. Ambas disciplinas pueden complementarse de formas interesantes. La fe cristiana, con su énfasis en el amor, el perdón, la compasión y la esperanza, aporta valores y enseñanzas que tienen un profundo impacto en la mente humana. La psicología, por su parte, ayuda a entender cómo estas creencias influyen en el comportamiento, en las emociones y en la forma en que las personas enfrentan los desafíos de la vida.

Por ejemplo, estudios han demostrado que las personas que tienen una fuerte fe en algo, ya sea en una religión o en un propósito espiritual, tienden a tener mayor resiliencia ante el estrés y las adversidades. La fe proporciona un marco de referencia que da sentido a las dificultades. Para los creyentes, los momentos de sufrimiento pueden verse como pruebas o lecciones que Dios pone en su camino para que crezcan como personas. Este enfoque ayuda a muchas personas a superar la desesperanza, a encontrar fuerzas donde antes no las tenían y a mantener una actitud positiva incluso en tiempos difíciles.

La psicología también ha empezado a reconocer la importancia de la espiritualidad en la salud mental. No todos los problemas emocionales se resuelven con terapia o con medicación; muchas veces, las personas necesitan algo más profundo que las ayude a encontrar paz interna. La espiritualidad ofrece una conexión con algo más grande que uno mismo, lo que para muchas personas es una fuente de consuelo. Al integrar elementos espirituales en la psicoterapia, algunos profesionales han descubierto que sus pacientes experimentan mejoras más significativas y duraderas en su bienestar emocional.

Por otro lado, la fe cristiana también puede beneficiarse de la psicología. Entender cómo funcionan las emociones humanas, cómo lidiar con el estrés y cómo superar traumas son conocimientos valiosos que los líderes religiosos pueden incorporar en su guía pastoral. El bienestar emocional no es algo que deba ignorarse en la vida espiritual. Los creyentes también son seres humanos con necesidades psicológicas, y la iglesia, al integrar algunos conceptos de la psicología, puede brindar un apoyo más integral a sus seguidores. Los sacerdotes, pastores y líderes pueden aprender a reconocer signos de depresión, ansiedad o estrés en sus feligreses y, en lugar de únicamente ofrecer respuestas espirituales, también pueden guiarlos hacia el apoyo profesional cuando sea necesario.

Lo interesante es que, a pesar de que estos campos inicialmente parecían estar en conflicto, cada vez más psicólogos y líderes religiosos están encontrando formas de colaborar y enriquecerse mutuamente. La psicología no intenta reemplazar a la fe, y la fe no debería tratar de negar la importancia de la ciencia. Al contrario, cuando se combinan de manera adecuada, se pueden ofrecer soluciones más completas para los problemas que enfrentan las personas en su vida diaria.

En resumen, este "encuentro inesperado" entre la psicología y la fe cristiana está lejos de ser una confrontación. Es más bien una oportunidad para que ambos campos trabajen juntos y encuentren formas de mejorar el bienestar de las personas en todos los niveles: mental, emocional y espiritual. Aunque cada uno tiene su propio enfoque, el objetivo final es el mismo: ayudar a las personas a vivir una vida más plena, equilibrada y en paz consigo mismas y con el mundo que las rodea.

El Poder de la Fe en la Mente Humana

La fe es un elemento poderoso en la vida de muchas personas. No importa cuál sea la creencia específica, ya sea fe en Dios, en un ser superior, en un propósito mayor o en el poder del bien, lo cierto es que la fe tiene un impacto profundo en la mente humana. Cuando hablamos de la fe cristiana, nos referimos a una confianza absoluta en la existencia de Dios, en sus promesas y en la creencia de que, a través de Él, las personas pueden encontrar sentido y propósito en la vida. Esta convicción no solo afecta lo que una persona cree, sino también cómo piensa, cómo actúa y cómo enfrenta los desafíos de la vida.

La mente humana es increíblemente compleja, y la fe actúa en muchos niveles dentro de ella. Uno de los efectos más notables de la fe en la mente humana es la capacidad que tiene para proporcionar consuelo en momentos de angustia. Cuando las personas enfrentan situaciones difíciles como la pérdida de un ser querido, la enfermedad, la pobreza o el sufrimiento, la fe ofrece una fuente de esperanza que les permite seguir adelante. La creencia en que

Dios tiene un plan, o en que todo sucede por una razón, proporciona una perspectiva que hace que los problemas parezcan más manejables. La fe ayuda a que las personas no se sientan solas en su dolor, sino que se vean como parte de algo más grande que ellos mismos.

Este poder de la fe es más que un simple consuelo emocional. Estudios psicológicos han demostrado que las personas con una fuerte fe tienden a tener niveles más bajos de estrés y ansiedad. Esto se debe, en parte, a que la fe actúa como un ancla emocional. Las personas que creen en un propósito divino para sus vidas, o en la guía de un ser superior, tienden a enfrentar los desafíos con más calma y determinación. Tienen la certeza de que, aunque no entiendan por completo lo que está sucediendo, Dios tiene el control. Esto reduce el miedo a lo desconocido, que es una de las principales fuentes de ansiedad en los seres humanos. En lugar de sentirse atrapados o desesperados, los creyentes encuentran en su fe la fuerza para seguir adelante.

Otro aspecto importante del poder de la fe en la mente humana es su capacidad para transformar la forma en que las personas perciben sus problemas. Para alguien con fe cristiana, las dificultades de la vida no son simplemente obstáculos o castigos, sino oportunidades para crecer espiritualmente. Esta mentalidad cambia por completo la forma en que enfrentan el dolor y el sufrimiento. En lugar de ver la adversidad como algo negativo, la fe les permite ver el sufrimiento como una prueba o como un medio para alcanzar una mayor comprensión o conexión con Dios. Esta perspectiva positiva les ayuda a mantener una actitud resiliente, incluso en los momentos más oscuros.

La fe también influye en cómo las personas ven su propio valor. En la fe cristiana, cada individuo es visto como una creación de Dios, amada y valiosa a sus ojos. Esta creencia de que uno es importante para un ser superior tiene un profundo impacto en la autoestima y la autovaloración. Las personas que sienten que tienen un propósito dado por Dios tienden a experimentar un mayor sentido de valor personal. Este sentido de propósito es fundamental para la salud mental, ya que otorga una razón para vivir, una razón para luchar y una razón para ser mejores personas cada día. No importa cuán duras sean las circunstancias, la fe proporciona un sentido de que la vida tiene sentido, y esto es un pilar fundamental para mantener una mente sana.

Además, la fe promueve comportamientos que son beneficiosos para la mente y el bienestar emocional. En la mayoría de las enseñanzas cristianas, se promueve el amor, el perdón, la compasión y el servicio a los demás. Estos valores no solo ayudan a mejorar las relaciones interpersonales, sino que también tienen un impacto positivo en la salud mental de quienes los practican. Las personas que viven de acuerdo con estos principios tienden a experimentar menos resentimiento, menos ira y menos envidia, lo cual contribuye a una mente más tranquila y equilibrada. El acto de perdonar, por ejemplo, libera a la mente de la carga emocional del odio y el rencor, permitiendo que la persona se sienta más libre y en paz consigo misma.

La oración, una de las prácticas más comunes dentro del cristianismo, también tiene efectos positivos en la mente humana. La oración no solo es una forma de comunicarse con Dios, sino que también actúa como un método de meditación y reflexión. A través de la oración, las personas pueden calmar su mente, enfocarse en lo que es importante y liberar las tensiones y preocupaciones del día. De hecho, muchos estudios han mostrado que la práctica regular de la oración o la meditación puede reducir los niveles de estrés y mejorar la concentración y la claridad mental. Además, la sensación de estar en contacto con algo más grande que uno mismo, a través de la oración, proporciona una paz interior que es difícil de encontrar en otros aspectos de la vida.

Otro impacto significativo de la fe en la mente humana es la capacidad de crear una comunidad de apoyo. Para muchos creyentes, la iglesia no es solo un lugar de adoración, sino también un lugar de conexión social. Las personas que comparten una fe común tienden a formar lazos fuertes y a apoyarse mutuamente en los momentos de necesidad. Esta red de apoyo es fundamental para la salud mental, ya que proporciona un sentido de pertenencia y solidaridad. Las personas que se sienten conectadas con una comunidad religiosa suelen experimentar menos sentimientos de soledad y aislamiento, lo que contribuye a una mejor salud emocional.

En resumen, el poder de la fe en la mente humana es vasto y profundo. No se trata solo de creencias abstractas o rituales religiosos, sino de una fuerza que moldea la forma en que las personas piensan, sienten y actúan. La fe proporciona un sentido de propósito, una fuente de consuelo en tiempos difíciles, y una guía para vivir una vida con más compasión y amor. Es una herramienta poderosa para el bienestar mental, y aunque no elimina por completo los problemas de la vida, sí ofrece una manera de enfrentarlos con más esperanza y fortaleza. La fe, en esencia, transforma la mente humana al ofrecer una visión del mundo donde, a pesar de las dificultades, siempre hay luz y esperanza.

esencia, transforma la mente humana al ofrecer una visión del mundo donde, a pesar de las dificultades, siempre hay luz y esperanza.

Creencias Religiosas y Desarrollo de la Identidad

Las creencias religiosas juegan un papel fundamental en el desarrollo de la identidad de una persona, especialmente cuando estas creencias se introducen desde una edad temprana. La identidad no es algo que se forma de la noche a la mañana, es el resultado de años de experiencias, influencias y decisiones que se van acumulando a lo largo de la vida. Y cuando hablamos de la religión, especialmente en el contexto del cristianismo, estamos hablando de un conjunto de creencias, valores y enseñanzas que pueden dar forma a la forma en que una persona se ve a sí misma y al mundo que la rodea.

Cuando una persona crece en un entorno religioso, como una familia cristiana devota, es muy probable que su sentido de quién es y lo que representa esté profundamente influenciado por esas creencias. Desde la infancia, se le enseñan ciertos principios: que Dios es el creador de todo, que tiene un propósito divino en su vida, que debe seguir los mandamientos y vivir de acuerdo a las enseñanzas de Jesús. Estos conceptos no solo moldean el comportamiento, sino también la forma en que la persona se percibe a sí misma. Desde muy joven, puede comenzar a verse como alguien especial a los ojos de Dios, como alguien que tiene un propósito mayor en este mundo. Este sentido de propósito es algo que, a lo largo de la vida, refuerza la identidad de la persona.

El desarrollo de la identidad está directamente relacionado con las experiencias y con las respuestas que el individuo obtiene del mundo a su alrededor. Las creencias religiosas proporcionan un marco a través del cual una persona puede interpretar sus experiencias. Por ejemplo, un niño que enfrenta un desafío en la vida, como una enfermedad o una dificultad en la escuela, puede interpretar este desafío a través de las enseñanzas religiosas que ha recibido. En lugar de verlo como un simple obstáculo, podría verlo como una prueba de fe, como algo que Dios ha puesto en su camino para fortalecerlo. Esta manera de interpretar las experiencias no solo afecta cómo se enfrenta al problema en cuestión, sino también cómo se ve a sí mismo como un "hijo de Dios" que tiene la fortaleza para superar las dificultades.

Además, las creencias religiosas no solo influyen en cómo una persona ve el mundo, sino también en cómo interactúa con los demás. En el cristianismo, se promueven valores como la humildad, la caridad, el amor al prójimo y el perdón. Estos valores no son solo ideas abstractas; son guías prácticas que moldean el comportamiento diario y, a su vez, refuerzan la identidad de la persona. Si alguien crece creyendo que debe perdonar a quienes le han hecho daño o que debe amar a los demás sin importar las diferencias, esos actos no solo se convierten en parte de su rutina diaria, sino también en parte de su identidad. Se empieza a ver como alguien que es amable, que es compasivo y que siempre busca el bien en los demás, lo cual refuerza su sentido de quién es en el mundo.

Otro aspecto importante es cómo las creencias religiosas pueden proporcionar un sentido de pertenencia. Formar parte de una comunidad religiosa, como una iglesia, da a la persona un grupo de referencia con el que puede identificarse. Este sentido de pertenencia es crucial en el desarrollo de la identidad, ya que las personas, especialmente los jóvenes, buscan constantemente grupos a los que puedan unirse para sentirse aceptados y comprendidos. Al formar parte de una comunidad cristiana, la persona no solo adopta las creencias de esa comunidad, sino que también encuentra apoyo, comprensión y un lugar donde su identidad es validada. Este sentido de pertenencia refuerza la identidad al darle a la persona un contexto en el que puede definirse a sí misma.

Sin embargo, el impacto de las creencias religiosas en el desarrollo de la identidad no siempre es positivo o sencillo. En algunos casos, las enseñanzas religiosas pueden entrar en conflicto con otros aspectos de la vida de una persona, lo que puede generar confusión o tensión interna. Por ejemplo, alguien que crece en un hogar cristiano muy conservador podría tener dificultades para aceptar ciertos aspectos de su identidad personal, como su orientación sexual o sus intereses profesionales, si siente que no encajan con las expectativas religiosas que le han inculcado. Este conflicto interno puede llevar a una crisis de identidad, en la que la persona lucha por reconciliar sus creencias religiosas con su verdadero yo. En estos casos, el proceso de desarrollo de la identidad puede ser más complicado y doloroso, ya que la persona siente que debe elegir entre ser fiel a sus creencias religiosas o ser fiel a sí misma.

Además, en algunos contextos religiosos, las creencias pueden ser muy rígidas, lo que puede limitar la libertad de una persona para explorar diferentes aspectos de su identidad. Algunas enseñanzas cristianas pueden ser muy estrictas en cuanto a lo que se considera aceptable en términos de comportamiento y pensamiento. Esto puede llevar a que una persona reprima ciertos aspectos de sí misma, lo que puede afectar su bienestar emocional y su desarrollo personal. En estos casos, la religión puede convertirse en una fuente de tensión interna, ya que la persona siente que debe ajustarse a un molde preestablecido, en lugar de explorar libremente quién es.

Por otro lado, hay muchas personas que encuentran que su fe les proporciona una base sólida para explorar su identidad de manera más profunda. El cristianismo enseña que cada persona es única y tiene un propósito dado por Dios. Esta idea puede ser tremendamente empoderadora, ya que da a la persona la libertad de explorar sus dones, sus talentos y su lugar en el mundo, sabiendo que, al final, todo forma parte de un plan divino. Para muchos, esta creencia proporciona una base firme desde la cual pueden desarrollar una identidad fuerte y segura.

En resumen, las creencias religiosas juegan un papel clave en el desarrollo de la identidad de una persona. Proporcionan un marco de referencia, un sentido de propósito y pertenencia, y guían el comportamiento y las interacciones con los demás. Sin embargo, el impacto de las creencias religiosas en la identidad no es siempre uniforme; puede ser una fuente de fortaleza, pero también puede generar conflicto interno. Al final, la manera en que las creencias religiosas afectan el desarrollo de la identidad depende en gran medida de cómo se interpretan y aplican esas creencias en la vida diaria.

El Rol de la Comunidad Cristiana en la Salud Mental

La comunidad cristiana juega un papel muy importante en la salud mental de las personas que forman parte de ella. La idea de vivir en comunidad no es solo un concepto social, sino que está profundamente arraigada en los principios cristianos. Desde los tiempos de Jesús, la vida comunitaria ha sido vista como una forma de apoyo mutuo, amor y compasión entre los creyentes. En la actualidad, pertenecer a una comunidad cristiana puede ofrecer mucho más que un simple espacio para practicar la fe; también puede ser una fuente significativa de bienestar emocional y mental.

Uno de los beneficios más evidentes de formar parte de una comunidad cristiana es el sentido de pertenencia. Todos necesitamos sentirnos parte de algo más grande, ser aceptados y valorados por quienes somos. En una comunidad cristiana, las personas tienen la oportunidad de conectar con otros que comparten sus creencias y valores, lo que crea un entorno de aceptación y apoyo. Este sentido de pertenencia es vital para la salud mental, ya que reduce los sentimientos de soledad y aislamiento, que son dos de los mayores factores que contribuyen a problemas como la depresión y la ansiedad.

Además, la comunidad cristiana proporciona un sistema de apoyo emocional muy sólido. Cuando una persona enfrenta dificultades en la vida, como la pérdida de un ser querido, problemas financieros, o conflictos familiares, la comunidad está ahí para ofrecer consuelo y ayuda. El simple hecho de saber que hay personas dispuestas a escuchar, a orar juntas y a brindar palabras de aliento puede hacer una gran diferencia en la forma en que alguien enfrenta sus problemas. Este apoyo no solo es emocional, sino también práctico. En muchas comunidades cristianas, es común que los miembros se ayuden mutuamente de manera concreta, ya sea ofreciendo ayuda material, comida o incluso asistencia financiera. Este tipo de ayuda refuerza la sensación de que no estamos solos en nuestras luchas, lo que es esencial para mantener una mente sana.

Otro aspecto importante es el papel de la fe compartida. La fe en Dios y en los principios del cristianismo ofrece un marco para entender los desafíos de la vida. En una comunidad cristiana, las personas no solo comparten sus problemas, sino también su fe en que Dios tiene un plan y que hay esperanza incluso en los momentos más oscuros. Esta perspectiva puede ser muy reconfortante, ya que brinda un sentido de propósito y dirección, ayudando a las personas a mantener una actitud positiva y resiliente ante las dificultades. Creer que hay un propósito mayor, incluso en el sufrimiento, permite que las personas vean los problemas desde un ángulo más esperanzador, lo que alivia el estrés y la angustia mental.

La oración en grupo también juega un papel importante en el bienestar emocional y mental dentro de la comunidad cristiana. Cuando las personas oran juntas, no solo están expresando su fe, sino que también están conectándose de una manera profunda con los demás. La oración comunitaria puede crear un ambiente de paz y calma, lo que ayuda a reducir la ansiedad y a fomentar un sentimiento de unidad. Además, el hecho de orar por otros y de saber que otros están orando por uno mismo genera una sensación de apoyo espiritual, lo cual es muy poderoso para el bienestar mental. Esta conexión espiritual colectiva tiene un efecto terapéutico que va más allá de las palabras; es una experiencia de paz interior que muchas personas describen como sanadora.

La comunidad cristiana también promueve valores que son beneficiosos para la salud mental, como el perdón, la empatía y la compasión. Estos valores no solo mejoran las relaciones entre las personas, sino que también ayudan a liberar emociones negativas que pueden afectar la salud mental. El perdón, por ejemplo, es un principio clave en el cristianismo, y practicarlo puede aliviar la carga emocional de la ira, el resentimiento y el odio. Al dejar ir esas emociones negativas, la mente se libera de tensiones innecesarias, lo que permite un mayor bienestar emocional. La empatía y la compasión, por su parte, fomentan un ambiente en el que las personas se sienten comprendidas y valoradas, lo que reduce los sentimientos de aislamiento y soledad.

Además, la comunidad cristiana ofrece un espacio para la reflexión y el crecimiento personal. A través de sermones, estudios bíblicos y otras actividades religiosas, los miembros de la comunidad tienen la oportunidad de explorar aspectos profundos de su vida y su fe. Estos momentos de reflexión pueden ser muy beneficiosos para la salud mental, ya que permiten que las personas analicen sus emociones, sus pensamientos y sus comportamientos a la luz de sus creencias. Al hacer esto, pueden encontrar nuevas maneras de enfrentar los problemas y desarrollar una mayor fortaleza emocional y espiritual.

Un aspecto menos hablado pero igualmente importante es cómo la comunidad cristiana puede proporcionar una estructura y un sentido de rutina que es fundamental para el bienestar mental. Asistir a la iglesia regularmente, participar en grupos de oración o estudios bíblicos, y estar involucrado en actividades comunitarias ofrece una estructura que da estabilidad a la vida de una persona. Esta rutina puede ser particularmente útil en momentos de crisis o inestabilidad, ya que brinda un sentido de normalidad y continuidad. Saber que cada semana hay un lugar donde se puede ir para encontrar paz, apoyo y comunidad puede ser una fuente de consuelo y seguridad para muchas personas.

Es importante mencionar que, en muchos casos, las comunidades cristianas también brindan acceso a recursos adicionales de apoyo emocional y psicológico. En algunas iglesias, hay consejeros o pastores capacitados en ofrecer orientación espiritual que también está alineada con principios psicológicos básicos. Estos líderes espirituales pueden ofrecer una combinación de apoyo emocional y consejos basados en la fe que ayudan a las personas a manejar mejor sus emociones y problemas mentales. En algunos casos, las iglesias incluso organizan grupos de apoyo para personas que enfrentan problemas específicos como el duelo, la depresión o las adicciones, lo que puede ser un recurso valioso para aquellos que buscan ayuda dentro de un contexto cristiano.

Por supuesto, es importante recordar que no todas las experiencias dentro de una comunidad cristiana son perfectas. A veces, las personas pueden enfrentar juicios o sentirse excluidas si no encajan completamente con las normas o expectativas de la comunidad. Estos desafíos también pueden afectar la salud mental, especialmente si una persona siente que no está cumpliendo con las expectativas religiosas o que no es lo suficientemente "buena" como cristiana. Sin embargo, muchas comunidades cristianas modernas están trabajando para ser más inclusivas y comprensivas, reconociendo que todos tienen luchas y que el amor y la compasión son los principios más importantes.

En conclusión, la comunidad cristiana ofrece un entorno que puede ser extremadamente beneficioso para la salud mental. A través del sentido de pertenencia, el apoyo emocional, la fe compartida, la oración en grupo y la promoción de valores positivos, las personas pueden encontrar en su comunidad un refugio para enfrentar las dificultades de la vida. La comunidad proporciona un espacio donde las personas pueden ser escuchadas, valoradas y apoyadas, lo cual es esencial para el bienestar emocional y mental. Aunque no elimina por completo los problemas, la comunidad cristiana ofrece herramientas y recursos que ayudan a las personas a enfrentarlos con más esperanza, fe y fortaleza.

Culpa y Pecado

La culpa y el pecado son dos conceptos profundamente entrelazados en la vida cristiana, y han influido en la mente humana desde tiempos inmemoriales. En el cristianismo, el pecado se entiende como cualquier acción, pensamiento o comportamiento que va en contra de la voluntad de Dios. Es decir, todo lo que se considera moralmente incorrecto según los mandamientos y las enseñanzas de la Biblia. La culpa, por su parte, es la emoción que surge cuando una persona reconoce que ha cometido un pecado. Aunque la culpa es una experiencia común para muchas personas, su impacto en la salud mental y emocional puede ser muy profundo y, a menudo, complejo.

Para muchos creyentes, el pecado se presenta como una especie de estándar o regla que se debe cumplir. Cuando una persona no logra cumplir con esos estándares, se siente culpable. Esta culpa puede ser un recordatorio constante de que se ha fallado, tanto a Dios como a uno mismo. En ese sentido, la culpa no es simplemente un sentimiento pasajero, sino una carga emocional que muchas personas llevan por años. Es importante entender que la culpa, en el contexto cristiano, no solo surge de acciones graves como mentir o robar, sino también de cosas más cotidianas, como tener pensamientos impuros, sentir envidia o no ser suficientemente generoso. Así, una persona puede encontrarse atrapada en un ciclo de sentirse constantemente culpable, incluso por cosas pequeñas.

La culpa tiene un lado positivo en la vida espiritual, ya que puede servir como una especie de alarma interna que indica cuando una persona ha desviado su camino. En ese sentido, la culpa puede llevar al arrepentimiento, lo cual es un paso esencial en el cristianismo para restaurar la relación con Dios. El arrepentimiento no es solo un reconocimiento del pecado, sino también un compromiso sincero de cambiar y hacer las cosas de manera diferente. Muchas personas encuentran en este proceso de arrepentimiento una especie de liberación emocional, ya que se sienten aliviadas al confesar sus errores y pedir perdón. A nivel psicológico, este acto de confesar puede tener efectos terapéuticos, ya que permite que la persona libere emociones reprimidas y, a su vez, se sienta más ligera emocionalmente.

Sin embargo, no todas las experiencias de culpa llevan a un resultado positivo. En algunos casos, la culpa puede volverse abrumadora, afectando la autoestima y el bienestar mental. Algunas personas experimentan lo que se conoce como culpa excesiva o tóxica, un sentimiento desproporcionado en relación al pecado cometido. Por ejemplo, alguien podría sentirse culpable de manera constante por cosas que no están realmente bajo su control, como pensamientos involuntarios o deseos humanos que son naturales. Este tipo de culpa puede generar un ciclo de autocrítica severa, donde la persona se juzga duramente a sí misma y se ve como una mala persona, lo que afecta su salud mental. En estos casos, la culpa deja de ser un mecanismo de corrección y se convierte en una carga emocional que impide a la persona avanzar espiritualmente y vivir una vida plena.

En el cristianismo, se enseña que todos los seres humanos son pecadores por naturaleza. Desde el pecado original de Adán y Eva, la humanidad ha sido vista como imperfecta y propensa a cometer errores. Esta idea puede generar una sensación de impotencia en algunas personas, ya que sienten que, sin importar lo que hagan, siempre estarán cayendo en el pecado. Este concepto, aunque teológicamente importante, puede ser difícil de manejar desde un punto de vista emocional. Si una persona se ve a sí misma como alguien que está constantemente fallando y no puede alcanzar la perfección que Dios requiere, puede experimentar sentimientos de desesperanza y frustración. Este estado mental puede llevar a la depresión, ya que la persona siente que no hay salida para su situación.

Por otro lado, la culpa también puede ser utilizada como una herramienta de control dentro de ciertas comunidades religiosas. En algunos contextos, se enfatiza tanto el pecado y la culpa que las personas comienzan a vivir en un estado constante de miedo a equivocarse o a desagradar a Dios. Este tipo de enseñanza puede llevar a una forma de manipulación, donde los líderes religiosos utilizan la culpa para mantener a las personas bajo control. Por ejemplo, algunos líderes podrían enseñar que solo a través de la obediencia estricta a las reglas de la iglesia se puede encontrar la salvación, lo que pone una presión enorme sobre los creyentes. Esta presión puede causar ansiedad y estrés, ya que las personas se sienten constantemente vigiladas y evaluadas, no solo por Dios, sino también por la comunidad religiosa.

Es importante mencionar que, aunque el pecado y la culpa son temas importantes en el cristianismo, también lo es la idea del perdón. Jesús enseñó que Dios es misericordioso y que está dispuesto a perdonar los pecados de aquellos que se arrepienten sinceramente. Esta enseñanza es crucial para entender el equilibrio entre el pecado, la culpa y la salud mental. Si bien es natural sentirse culpable después de cometer un error, el cristianismo ofrece un camino para superar esa culpa a través del perdón divino. Saber que Dios está dispuesto a perdonar puede ser una fuente inmensa de paz y consuelo para muchas personas. A nivel psicológico, este conocimiento puede ayudar a aliviar la carga emocional de la culpa y permitir que la persona se sienta libre para seguir adelante.

Sin embargo, no todas las personas encuentran fácil aceptar el perdón. Algunas se quedan atrapadas en la culpa, incapaces de perdonarse a sí mismas, incluso si creen que Dios ya las ha perdonado. Este tipo de conflicto interno puede ser dañino para la salud mental, ya que la persona sigue llevando la carga del pecado mucho después de que ha sido perdonada. En estos casos, es importante que las personas aprendan a aceptar tanto el perdón de Dios como el perdón hacia sí mismas. Esto no siempre es fácil, ya que implica un cambio profundo en la forma en que se ve uno mismo. Dejar ir la culpa no significa ignorar el pecado, sino reconocer que, aunque se haya cometido un error, hay espacio para el crecimiento, la sanación y la reconciliación.

En la vida cristiana, la culpa también puede tener un impacto en las relaciones interpersonales. Cuando una persona siente que ha pecado, no solo puede sentir que ha fallado a Dios, sino también a los demás. Por ejemplo, alguien que ha mentido o traicionado a un amigo puede experimentar una profunda culpa, lo que puede afectar su capacidad para relacionarse con esa persona en el futuro. La culpa puede generar una distancia emocional, ya que la persona se siente indigna o avergonzada. En estos casos, el proceso de pedir perdón y buscar la reconciliación no solo es importante para la relación con Dios, sino también para la restauración de las relaciones humanas. La Biblia habla de la importancia de perdonar y ser perdonado, lo que también tiene un impacto en la salud mental y emocional de las personas. El acto de pedir perdón y ser perdonado por los demás puede aliviar el peso emocional que la culpa trae consigo.

En resumen, la culpa y el pecado son temas centrales en el cristianismo, y tienen un impacto significativo en la mente y las emociones humanas. Si bien la culpa puede servir como una herramienta para corregir el comportamiento y buscar el arrepentimiento, también puede convertirse en una carga emocional si se vuelve excesiva o desproporcionada. Es importante que las personas encuentren un equilibrio saludable entre reconocer sus errores y aceptar el perdón de Dios. Asimismo, es crucial que la culpa no sea utilizada como una herramienta de manipulación o control dentro de las comunidades religiosas, ya que esto puede afectar negativamente la salud mental de los creyentes. Al final, el mensaje cristiano del perdón y la redención ofrece una salida de la culpa y una oportunidad para vivir una vida plena, libre de las cargas del pasado.

El Poder del Perdón

El perdón es uno de los conceptos más poderosos dentro del cristianismo, y su impacto va mucho más allá del ámbito espiritual. El poder del perdón tiene profundas implicaciones en la vida emocional, mental y relacional de las personas. Perdonar no solo es un acto de bondad hacia los demás, sino también un regalo que nos damos a nosotros mismos. En este capítulo, exploraremos cómo el perdón transforma la vida, libera el corazón de la carga del resentimiento y nos ayuda a sanar tanto a nivel emocional como espiritual.

En el cristianismo, el perdón es una de las enseñanzas más importantes de Jesús. En sus palabras, debemos perdonar no solo una vez, sino setenta veces siete, lo que implica que el acto de perdonar debe ser continuo y sin condiciones. Esto se debe a que el perdón no solo beneficia a la persona que es perdonada, sino que también libera a quien perdona. Cuando cargamos con el resentimiento y la ira por el daño que nos han hecho, en realidad estamos aprisionándonos a nosotros mismos. Estos sentimientos negativos ocupan espacio en nuestra mente y corazón, creando una barrera que nos impide experimentar paz y bienestar.

Uno de los efectos más poderosos del perdón es la liberación emocional que produce. Cuando alguien nos ha herido, es natural sentir enojo, dolor o incluso odio. Estos sentimientos, aunque comprensibles, pueden convertirse en un peso emocional si se mantienen a lo largo del tiempo. Guardar rencor es como cargar una mochila llena de piedras; con el tiempo, esa carga se vuelve insoportable y nos impide avanzar. Perdonar es como soltar esas piedras, liberar esa carga que llevamos y permitirnos seguir adelante sin ese peso emocional. En el momento en que decidimos perdonar, no estamos diciendo que lo que sucedió estuvo bien, ni estamos justificando el comportamiento de quien nos hizo daño. Perdonar significa que hemos decidido dejar de lado ese dolor para sanar y encontrar paz.

Además de la liberación emocional, el perdón tiene un impacto significativo en nuestra salud mental. El resentimiento y la amargura pueden causar estrés, ansiedad y depresión. Cuando permitimos que estos sentimientos se acumulen, estamos afectando nuestro bienestar emocional. La ciencia también respalda este concepto; estudios psicológicos han demostrado que las personas que practican el perdón tienen niveles más bajos de estrés y una mayor satisfacción en la vida. Esto se debe a que el perdón nos permite dejar de revivir el pasado y nos ayuda a enfocarnos en el presente, en lugar de quedarnos atrapados en el ciclo de recordar el dolor y la injusticia.

El poder del perdón también radica en su capacidad para sanar relaciones. En nuestras vidas, es inevitable que en algún momento lastimemos a otros o seamos lastimados. Las relaciones humanas están llenas de imperfecciones y malentendidos, y el conflicto es una parte natural de cualquier relación. Sin embargo, la clave para mantener relaciones saludables no está en evitar el conflicto, sino en saber cómo manejarlo y, cuando sea necesario, perdonar. Perdonar a alguien que nos ha herido no solo repara la relación, sino que también fortalece los lazos entre las personas. En muchos casos, las relaciones se vuelven más fuertes después de que se ha concedido el perdón, ya que ambas partes han aprendido a superar el conflicto con compasión y entendimiento.

Es importante destacar que el perdón no siempre ocurre de inmediato, y no siempre es fácil. Perdonar es un proceso, y en ocasiones puede llevar tiempo. Hay heridas profundas que requieren una sanación gradual antes de que la persona esté lista para perdonar. Este proceso puede involucrar reflexionar sobre el dolor, hablar de la experiencia con alguien de confianza, o incluso buscar ayuda profesional para lidiar con el trauma. Lo importante es entender que el perdón no es un acto instantáneo, sino una decisión que se toma con el tiempo y con la intención de liberarse del pasado. Perdonar no es olvidar, sino recordar sin sentir ese dolor que una vez nos afectó.

En el contexto cristiano, el perdón tiene un significado aún más profundo. Se enseña que debemos perdonar porque Dios nos ha perdonado a nosotros. Según la fe cristiana, todos somos pecadores, y Dios en su misericordia nos ofrece el perdón a pesar de nuestras faltas. Este acto de amor y gracia es la base del cristianismo, y los creyentes están llamados a imitar esa misericordia divina en sus propias vidas. Cuando perdonamos a otros, estamos siguiendo el ejemplo de Dios y mostrando el mismo amor y compasión que Él nos ha mostrado. Este acto de perdón no solo es beneficioso para nuestra salud emocional y mental, sino que también nos acerca más a Dios y a los principios de la fe.

Una de las razones por las que algunas personas encuentran difícil perdonar es el miedo a parecer débiles o vulnerables. A menudo, el orgullo nos impide dar ese paso hacia el perdón, ya que creemos que al perdonar estamos aceptando que la otra persona "ganó" o que estamos dejando de lado nuestra propia dignidad. Sin embargo, el verdadero poder del perdón no está en la debilidad, sino en la fortaleza. Perdonar requiere una gran valentía, porque significa dejar ir el control que creemos tener sobre la situación. Cuando perdonamos, estamos diciendo que no permitiremos que el dolor o la injusticia nos definan. En lugar de aferrarnos al daño, elegimos avanzar con compasión y entendimiento. Este acto de valentía es lo que realmente demuestra la fuerza del carácter.

Otro aspecto del perdón que no siempre se discute es la importancia de perdonarse a uno mismo. Muchas veces, somos capaces de perdonar a los demás, pero nos resulta mucho más difícil perdonarnos por nuestros propios errores. Cargar con la culpa y la autocrítica puede ser una de las cargas más pesadas que llevamos. El perdón hacia uno mismo es esencial para la paz interior. El cristianismo enseña que Dios ya nos ha perdonado, y si Él, en su infinita misericordia, nos concede el perdón, ¿por qué no deberíamos hacerlo nosotros también? Perdonarse a uno mismo es reconocer que somos humanos, que cometemos errores, pero que esos errores no definen quiénes somos. Nos permite liberarnos de la autoexigencia excesiva y nos da el espacio para crecer y mejorar.

Finalmente, el perdón tiene el poder de transformar no solo nuestras vidas individuales, sino también el mundo que nos rodea. Cuando elegimos perdonar, estamos contribuyendo a un entorno más compasivo y pacífico. El resentimiento y la falta de perdón son causas de muchos conflictos, tanto a nivel personal como social. Imagina un mundo donde más personas practiquen el perdón, donde en lugar de responder al odio con odio, se elija el camino de la reconciliación. Aunque el perdón no siempre cambia las circunstancias externas, tiene el poder de cambiar nuestro corazón y, a su vez, la forma en que interactuamos con los demás. Cuando perdonamos, creamos un espacio para la paz y la sanación, no solo en nuestras vidas, sino también en las vidas de aquellos a nuestro alrededor.

En resumen, el poder del perdón es inmenso. Nos libera del peso del resentimiento, mejora nuestra salud mental, sana nuestras relaciones y nos acerca más a Dios. Aunque el perdón no siempre es fácil, es una herramienta esencial para vivir una vida plena y en paz. Al perdonar, no solo estamos beneficiando a la persona que nos hizo daño, sino que también estamos sanando nuestro propio corazón. Al final, el perdón es un acto de amor: amor hacia los demás y amor hacia nosotros mismos. Es un acto que nos permite soltar el pasado y caminar hacia un futuro lleno de paz, compasión y entendimiento.

La Fe y la Ansiedad

La relación entre la fe y la ansiedad es un tema que ha sido explorado por muchas personas, especialmente por aquellos que buscan alivio en su fe cuando enfrentan momentos difíciles. La ansiedad es una emoción que todos experimentamos en algún momento de la vida. Es ese sentimiento de preocupación o miedo que nos invade cuando pensamos en el futuro, en los problemas del día a día o en situaciones que escapan de nuestro control. Puede presentarse de forma leve, como nerviosismo antes de un examen o una entrevista, o de manera más intensa, causando un malestar profundo que afecta nuestra salud mental y física. En este contexto, la fe cristiana puede jugar un papel fundamental para manejar esa ansiedad y ayudarnos a encontrar paz en medio del caos.

La fe, en su esencia, es la confianza en algo más grande que nosotros mismos. Para los cristianos, esa confianza está en Dios. Cuando enfrentamos momentos de ansiedad, nuestra mente tiende a centrarse en todo lo que podría salir mal, en los peores escenarios posibles. Sin embargo, la fe nos invita a cambiar nuestra perspectiva. En lugar de enfocarnos en nuestras preocupaciones y miedos, se nos anima a confiar en que Dios tiene un plan, incluso cuando no podemos ver el panorama completo. Esta confianza no significa que nuestros problemas desaparecerán mágicamente, sino que podemos dejar de luchar contra el miedo constante al futuro y descansar en la certeza de que no estamos solos en nuestras dificultades.

Uno de los pasajes más conocidos de la Biblia sobre la ansiedad se encuentra en el Evangelio de Mateo, donde Jesús dice: "No se preocupen por el mañana, porque el mañana se preocupará de sí mismo". Esta enseñanza nos recuerda que preocuparnos por lo que podría pasar en el futuro es, en cierto modo, una pérdida de energía. Nos invita a enfocarnos en el presente, en el aquí y el ahora, y a confiar en que Dios nos guiará paso a paso. Este es uno de los aspectos más poderosos de la fe: nos da una sensación de alivio frente a lo desconocido. Mientras que la ansiedad nos empuja a vivir constantemente en el futuro, la fe nos llama a vivir el presente con confianza y serenidad.

Otro aspecto importante es la oración. Para muchas personas, la oración es una forma de conectarse con Dios, pero también es una herramienta poderosa para calmar la mente ansiosa. Cuando estamos abrumados por el estrés o la incertidumbre, la oración nos permite expresar nuestras preocupaciones, liberar esas cargas y entregárselas a Dios. En lugar de tratar de cargar con todo nosotros mismos, la oración es una forma de decir: "Dios, no puedo con esto solo, necesito tu ayuda". Esta práctica puede tener un efecto profundamente calmante en nuestra mente. Al verbalizar nuestros miedos y preocupaciones, dejamos de darles vueltas una y otra vez en nuestra cabeza, y eso nos da un respiro, una sensación de alivio.

Además, la fe nos da una comunidad de apoyo. En muchas ocasiones, las personas que experimentan ansiedad se sienten aisladas, como si fueran las únicas que están luchando. Sin embargo, la iglesia y la comunidad cristiana ofrecen un espacio donde se puede compartir esas cargas emocionales. Hablar con otras personas de fe, escuchar sus experiencias, recibir palabras de aliento o simplemente saber que hay personas que están dispuestas a orar por uno, puede ser de gran consuelo. La ansiedad muchas veces nos hace sentir solos, pero la fe nos recuerda que no estamos enfrentando nuestras dificultades en solitario, que somos parte de un cuerpo más grande que está allí para apoyarnos.

Es importante reconocer que, aunque la fe puede ser un recurso invaluable para manejar la ansiedad, esto no significa que las personas que sufren de ansiedad severa simplemente deben "tener más fe" para solucionarlo. La ansiedad, en su forma más grave, es una condición que puede requerir apoyo profesional, ya sea a través de terapia, medicamentos o una combinación de ambos. La fe y la ciencia no están en conflicto aquí. Muchas personas encuentran que la combinación de ayuda profesional y apoyo espiritual es la clave para superar la ansiedad. La fe puede proporcionar una base sólida de esperanza y consuelo, mientras que la terapia ofrece herramientas prácticas para manejar los síntomas de ansiedad en el día a día.

El cristianismo también enseña sobre la importancia de la entrega. En lugar de intentar controlar cada aspecto de nuestras vidas, la fe nos invita a soltar esa necesidad de control y a confiar en que Dios está a cargo. La ansiedad a menudo surge cuando sentimos que todo depende de nosotros, que si no hacemos todo perfecto, todo se desmoronará. Pero la realidad es que muchas cosas están fuera de nuestro control. La fe nos recuerda que, aunque hagamos todo lo posible, el resultado final no está completamente en nuestras manos. Esta entrega, aunque difícil de practicar, puede ser profundamente liberadora. Cuando dejamos de luchar por controlar cada detalle, experimentamos una paz que solo viene al confiar en que Dios tiene el control de nuestras vidas.

Uno de los problemas más comunes que causa la ansiedad es el miedo al fracaso.

Tenemos miedo de no cumplir con las expectativas de los demás, de fallar en nuestras metas o de no estar a la altura de lo que creemos que debemos ser. La fe cristiana, sin embargo, nos enseña que nuestro valor no depende de nuestro rendimiento o de cuán exitosos seamos en los ojos del mundo. Somos valiosos simplemente porque somos hijos de Dios, y eso no cambia, sin importar cuántas veces fallemos o cuántos errores cometamos. Esta verdad puede ser un bálsamo para la mente ansiosa que siempre teme no ser suficiente. Cuando dejamos de medirnos por los estándares del mundo y empezamos a vernos a través de los ojos de la fe, comenzamos a soltar esos miedos que nos atan.

Otro aspecto interesante es cómo la fe nos invita a cambiar la forma en que vemos nuestras luchas. A menudo, la ansiedad nos hace sentir como si cada obstáculo fuera una amenaza insuperable. Sin embargo, la fe nos enseña que los desafíos pueden ser oportunidades para crecer, para desarrollar nuestra paciencia, nuestra fortaleza y nuestra confianza en Dios. Este cambio de perspectiva puede reducir el poder que la ansiedad tiene sobre nosotros. En lugar de ver cada dificultad como un motivo para preocuparnos, podemos empezar a verlas como parte de un proceso de crecimiento, una prueba que, aunque difícil, tiene un propósito en nuestro desarrollo personal y espiritual.

Además, la fe también nos enseña sobre el valor de la esperanza. La ansiedad a menudo nos roba la esperanza, haciéndonos sentir que las cosas nunca mejorarán, que estamos atrapados en un ciclo de preocupaciones interminables. Pero la fe nos ofrece una visión más amplia. Nos recuerda que, aunque estemos atravesando momentos oscuros, siempre hay luz al final del túnel. La esperanza en Dios nos da la fuerza para seguir adelante, incluso cuando no podemos ver una solución inmediata. Esta esperanza no es una ilusión, sino una convicción profunda de que Dios tiene un propósito para nuestras vidas, y que, al final, todo obrará para nuestro bien, aunque en el presente no podamos entender cómo.

En conclusión, la fe puede ser un ancla en medio de la tormenta de la ansiedad. Nos invita a confiar en Dios en lugar de dejarnos consumir por nuestras preocupaciones, a soltar la necesidad de control y a descansar en la certeza de que no estamos solos en nuestras luchas. La oración, la comunidad cristiana y la esperanza en un futuro mejor son recursos valiosos que nos ayudan a encontrar paz en medio del caos. Aunque la ansiedad es una realidad para muchos, la fe nos ofrece herramientas para enfrentarla con valentía, confianza y serenidad, recordándonos que, al final, Dios siempre está a nuestro lado.

Manipulación Religiosa

La manipulación religiosa es un fenómeno que ha existido a lo largo de la historia y se presenta cuando las creencias religiosas son utilizadas como herramienta para influir, controlar o explotar a las personas. A lo largo del tiempo, algunas instituciones y líderes religiosos han encontrado en la fe una forma de ejercer poder sobre las masas, utilizando el miedo, la culpa y la promesa de la salvación eterna para someter la voluntad de los creyentes. Este tipo de manipulación no solo tiene un impacto profundo en la mente y las emociones de los fieles, sino que también puede distorsionar el verdadero propósito de la espiritualidad, que es guiar a las personas hacia una vida de paz, amor y entendimiento.

La religión, en su esencia, tiene el objetivo de conectar al ser humano con lo divino, de ofrecer consuelo en tiempos de dificultad y de proporcionar un sentido de propósito y significado en la vida. Sin embargo, cuando se utiliza con fines manipulativos, puede convertirse en una herramienta peligrosa. La manipulación religiosa ocurre cuando se usan las creencias de las personas para obtener poder, dinero o influencia, y en muchos casos, quienes caen en esta trampa lo hacen porque confían ciegamente en los líderes que supuestamente representan a Dios.

Uno de los métodos más comunes de manipulación religiosa es el uso del miedo. Desde el miedo al castigo divino hasta el miedo a la condenación eterna, la idea de que se debe obedecer ciegamente para evitar un destino terrible ha sido utilizada para controlar a las personas. Algunos líderes religiosos predican la idea de que cualquier duda, cuestionamiento o desviación de las enseñanzas establecidas resultará en un castigo divino. Este miedo se arraiga profundamente en la mente de los creyentes, llevándolos a conformarse y seguir instrucciones sin hacer preguntas. El miedo es una de las emociones más poderosas que puede sentir un ser humano, y cuando se utiliza en un contexto religioso, puede llevar a las personas a actuar en contra de sus propios intereses o incluso de su moralidad personal.

Otra táctica manipulativa muy utilizada es la culpa. A menudo, las instituciones religiosas enfatizan el concepto del pecado y la imperfección humana, lo cual no es en sí mismo negativo, ya que el reconocimiento de nuestros errores es fundamental para el crecimiento espiritual. Sin embargo, cuando este mensaje se lleva al extremo, puede convertirse en una fuente constante de culpa y vergüenza. Algunas enseñanzas religiosas colocan una carga tan pesada sobre los individuos que los fieles pueden llegar a sentirse perpetuamente culpables por no estar a la altura de los ideales de perfección que se les imponen. Esta sensación de culpa constante puede ser aprovechada por quienes están en el poder para mantener a las personas bajo su control, ofreciéndoles la salvación o el perdón solo si siguen fielmente sus directrices.

Un tercer método de manipulación religiosa es la explotación de la esperanza. La religión ofrece esperanza, y eso es algo positivo. Pero algunos líderes religiosos manipulan esa esperanza, prometiendo recompensas materiales o espirituales a cambio de obediencia, donaciones o acciones específicas. Por ejemplo, se les dice a los creyentes que si donan grandes sumas de dinero a la iglesia, recibirán bendiciones financieras o milagros en su vida personal. Esto explota la vulnerabilidad de quienes están desesperados por mejorar su situación, haciéndoles creer que la única manera de obtener alivio es a través de la obediencia ciega o el sacrificio personal.

Además, la manipulación religiosa se manifiesta en el control de la información. En muchos entornos religiosos, se desalienta a los fieles a cuestionar o investigar por su cuenta. Se les dice que deben aceptar las enseñanzas tal como son, sin dudar ni buscar otras perspectivas. Esta supresión del pensamiento crítico puede llevar a una dependencia completa de los líderes religiosos, quienes controlan qué es lo que los fieles deben creer y cómo deben actuar. Al limitar el acceso a información externa o incluso al fomento de la reflexión personal, se crea una atmósfera donde el líder tiene la última palabra en todo, desde la moralidad hasta las decisiones personales.

Otro aspecto de la manipulación religiosa es el uso de la exclusión social. Muchas comunidades religiosas predican que quienes no siguen su camino o se desvían de sus enseñanzas serán excluidos, no solo de la comunidad de fe, sino también de la vida eterna. Esto puede generar un miedo profundo a ser rechazado no solo por Dios, sino también por los amigos y familiares que forman parte de la misma comunidad religiosa. La idea de ser excluido o condenado al ostracismo puede ser lo suficientemente poderosa como para hacer que las personas se conformen con enseñanzas o prácticas con las que no están de acuerdo, simplemente para evitar el dolor de ser rechazados.

En algunos casos, la manipulación religiosa puede tomar una forma más activa de explotación. Esto es particularmente evidente en situaciones donde líderes religiosos abusan de su poder para explotar a sus seguidores emocional, financiera o incluso físicamente. Lamentablemente, hay casos documentados en los que se ha abusado de la confianza de los fieles, justificando actos atroces con la idea de que son "la voluntad de Dios" o de que el líder tiene una conexión especial con lo divino que le otorga la autoridad para actuar de manera inhumana. La gente, convencida de que su fe está en juego, se somete a estos abusos, creyendo que deben hacerlo para estar en gracia divina.

Sin embargo, no todas las manipulaciones religiosas son tan extremas. En muchos casos, la manipulación se presenta de manera sutil, disfrazada de enseñanza espiritual o de guía moral. Los fieles pueden no darse cuenta de que están siendo manipulados, ya que confían en que quienes los guían tienen su bienestar espiritual en mente. Es solo con el tiempo, cuando comienzan a cuestionar las inconsistencias o los abusos de poder, que algunos se dan cuenta de que han sido objeto de manipulación.

El impacto de la manipulación religiosa en la salud mental de los individuos puede ser devastador. Las personas que han sido manipuladas de esta manera a menudo experimentan ansiedad, depresión, sentimientos de culpa y vergüenza, y una profunda pérdida de autoestima. Además, cuando finalmente se dan cuenta de que han sido manipuladas, pueden sentirse traicionadas no solo por los líderes religiosos, sino también por la propia religión, lo que puede llevar a una crisis espiritual y emocional. El proceso de recuperación puede ser largo y doloroso, ya que implica no solo sanar las heridas emocionales, sino también reconstruir una relación saludable con la espiritualidad y la fe.

En conclusión, la manipulación religiosa es un uso desvirtuado de la fe y puede tener consecuencias graves para quienes la sufren. Aunque la religión, en su verdadera esencia, está destinada a proporcionar paz, consuelo y una conexión con lo divino, cuando se utiliza para controlar y explotar, se convierte en una herramienta peligrosa. Es esencial que los fieles desarrollen un sentido de conciencia crítica, que cuestionen las enseñanzas que se les dan y que se aseguren de que su relación con la fe es una de crecimiento personal y espiritual, y no de control o sumisión ciega. La verdadera fe debe liberar, no esclavizar, y debe empoderar a las personas para vivir una vida llena de propósito, paz y amor, no para mantenerlas bajo el yugo de la manipulación.

Adrian Collins

El Concepto de Dios y el Inconsciente Colectivo

El concepto de Dios ha sido una de las ideas más influyentes en la historia de la humanidad. Para millones de personas alrededor del mundo, Dios es una fuerza central que da sentido a la vida, explica el origen de todo lo que existe y guía las acciones humanas. Sin embargo, cuando analizamos este concepto desde una perspectiva psicológica, es posible ver que la idea de Dios está profundamente entrelazada con lo que el psicólogo Carl Jung llamó el inconsciente colectivo. Esta teoría sostiene que la mente humana comparte una serie de ideas, símbolos y arquetipos que existen más allá de la experiencia individual. El concepto de Dios, bajo esta óptica, no solo sería una creencia personal, sino una manifestación de algo más profundo y universal que reside en el inconsciente de todos los seres humanos.

El inconsciente colectivo es un conjunto de imágenes y símbolos que todos compartimos, independientemente de nuestra cultura o experiencias personales. Según Jung, estos símbolos se expresan a través de los mitos, los sueños y las religiones de diferentes pueblos. Aunque las culturas pueden tener diferentes formas de representar a Dios, muchas comparten elementos comunes: un ser supremo, omnisciente, omnipotente, que es fuente de vida y guía espiritual. Esto sugiere que la idea de un poder superior es una necesidad psicológica compartida por toda la humanidad. No es solo una invención de una cultura específica, sino algo que ha estado presente en todas las civilizaciones y se ha manifestado de diversas maneras a lo largo de la historia.

Una de las razones por las que el concepto de Dios resuena tanto en la mente humana es porque responde a preguntas fundamentales que todos nos hacemos en algún momento de nuestras vidas: ¿De dónde venimos? ¿Por qué estamos aquí? ¿Qué sentido tiene la vida? La religión ofrece respuestas a estas preguntas, y lo hace de una manera que satisface tanto nuestra mente racional como nuestras emociones más profundas. El inconsciente colectivo, según Jung, está lleno de arquetipos que representan estas ideas primordiales, y Dios sería uno de los arquetipos más poderosos, simbolizando la totalidad, la perfección y el propósito.

Cuando miramos las diferentes religiones del mundo, podemos ver cómo la figura de Dios varía, pero también cómo existen similitudes sorprendentes entre culturas que, en teoría, no tuvieron contacto entre sí. Por ejemplo, en muchas religiones antiguas, Dios es representado como una figura paterna, un ser protector que guía a sus hijos humanos y les proporciona leyes para vivir. Esta imagen de Dios como padre refleja un arquetipo muy profundo que todos compartimos: la figura del protector, del guía, de la autoridad benevolente que nos cuida. De manera similar, la noción de un creador divino que da origen a todas las cosas aparece en numerosas culturas, desde los mitos griegos hasta las escrituras cristianas, pasando por las creencias indígenas de América y África. Este arquetipo del "creador" también está presente en el inconsciente colectivo, manifestándose de diferentes maneras según la cultura, pero siempre cumpliendo la función de dar un sentido de origen y propósito a la existencia humana.

El concepto de Dios no solo responde a preguntas existenciales, sino que también proporciona un marco para la moralidad y la ética. Muchas religiones presentan a Dios como una figura que no solo creó el universo, sino que también estableció las reglas que los seres humanos deben seguir para vivir correctamente. Aquí es donde el inconsciente colectivo también juega un papel importante. Los seres humanos, a lo largo de la historia, han sentido la necesidad de vivir de acuerdo con ciertos principios éticos y morales, y muchas veces estos principios han sido atribuidos a una fuente divina. El hecho de que diferentes culturas, con diferentes conceptos de Dios, compartan principios éticos similares (como el respeto por la vida, la justicia, la honestidad) sugiere que estos valores están profundamente arraigados en la psique humana, más allá de cualquier enseñanza religiosa específica.

El inconsciente colectivo también explica por qué muchas personas experimentan a Dios de manera personal, a través de sueños, visiones o experiencias místicas. Estas experiencias, aunque varían de persona a persona, suelen tener elementos en común que pueden rastrearse hasta los arquetipos del inconsciente colectivo. Por ejemplo, las visiones de luz, las sensaciones de paz profunda o la percepción de una presencia divina son experiencias reportadas por personas de diferentes culturas y religiones, y todas apuntan a algo que trasciende la experiencia consciente individual. En estos momentos, el individuo no solo está experimentando una conexión con algo externo, sino también con una parte profunda de sí mismo, con un arquetipo que reside en su propio inconsciente.

Es importante destacar que, desde una perspectiva psicológica, esto no significa que Dios no exista o que sea simplemente una creación de la mente humana. Más bien, la psicología sugiere que el concepto de Dios y las experiencias relacionadas con lo divino están profundamente enraizadas en la naturaleza humana, en la estructura misma de nuestra psique. El hecho de que Dios aparezca en tantas formas diferentes a lo largo de la historia y en tantas culturas diferentes podría interpretarse como una prueba de que hay algo en el ser humano que siempre busca esa conexión con lo trascendental, con lo divino, con algo que va más allá de la vida cotidiana.

El inconsciente colectivo, al estar lleno de estos arquetipos, también puede explicar por qué las religiones tienen tanto poder para unir a las personas. La creencia en un Dios común, en una fuente divina que todos compartimos, crea un sentido de comunidad y pertenencia. Las ceremonias religiosas, los rituales y las oraciones son formas en que las personas se conectan no solo con Dios, sino también entre sí, en un nivel profundo y arquetípico. Estas prácticas refuerzan la idea de que todos estamos unidos por algo mayor que nosotros mismos, algo que reside tanto dentro de nosotros como fuera de nosotros.

El concepto de Dios también puede actuar como un refugio psicológico en tiempos de crisis. Cuando las personas enfrentan situaciones difíciles o traumáticas, la creencia en un ser supremo puede proporcionar consuelo y esperanza. Esta función de Dios como consolador y protector está directamente relacionada con los arquetipos del inconsciente colectivo. En momentos de desesperación, las personas buscan en su interior esa figura arquetípica que les dé fuerza y dirección. Ya sea que lo llamen Dios, la luz divina, o cualquier otro nombre, lo que están haciendo es conectarse con una parte profunda de su psique que les ayuda a sobrellevar las dificultades.

Finalmente, el concepto de Dios también influye en cómo las personas ven el mundo y a sí mismas. Para muchos, creer en Dios implica creer en un propósito mayor, en un destino divino, en un plan que da sentido a todas las cosas. Esta creencia puede proporcionar un fuerte sentido de identidad y propósito, algo que también está profundamente arraigado en el inconsciente colectivo. La búsqueda de propósito, de sentido en la vida, es una de las fuerzas más poderosas que mueve al ser humano, y el concepto de Dios ha sido una de las respuestas más universales y perdurables a esta necesidad. Al creer en un Dios que tiene un plan para nosotros, nos sentimos parte de algo mayor, algo que nos da dirección y significado.

En conclusión, el concepto de Dios está intrínsecamente relacionado con el inconsciente colectivo. A lo largo de la historia, ha sido una de las ideas más poderosas y persistentes en la psique humana, proporcionando respuestas a las preguntas más profundas sobre la vida, el propósito y la moralidad. Aunque las religiones pueden diferir en sus representaciones de Dios, todas comparten arquetipos comunes que residen en lo más profundo de nuestra mente. Estos arquetipos no solo moldean nuestra comprensión de lo divino, sino que también influyen en cómo vivimos nuestras vidas, cómo nos relacionamos con los demás y cómo enfrentamos los desafíos de la existencia.

Fe como Refugio Psicológico

La fe, para muchas personas, es mucho más que una simple creencia en algo superior. En momentos de dificultad, de confusión o de dolor, la fe se convierte en un refugio psicológico, un espacio interno donde las personas pueden encontrar consuelo, fortaleza y sentido. Es como si, en medio de una tormenta emocional, la fe ofreciera un lugar seguro, un puerto donde descansar hasta que pase el mal tiempo. Para entender cómo funciona este refugio, es importante ver la fe desde una perspectiva psicológica, es decir, cómo afecta directamente a nuestra mente y nuestras emociones en los momentos en los que más lo necesitamos.

Cuando alguien enfrenta una crisis, ya sea una enfermedad, la pérdida de un ser querido, problemas financieros o cualquier otra dificultad, es común que experimente una gran cantidad de estrés. Este estrés puede manifestarse de muchas formas: ansiedad, desesperanza, sentimientos de desorientación o incluso depresión. En esos momentos, la mente busca algo a lo que aferrarse, algo que le dé estabilidad cuando todo a su alrededor parece estar fuera de control. Es ahí donde la fe entra en juego. Creer en algo mayor, en un poder superior que tiene un plan o que ofrece protección, permite a la persona sentir que no está sola, que hay una fuerza que le da sentido a lo que está viviendo, aunque en ese momento no pueda entenderlo del todo.

Este refugio psicológico que ofrece la fe se puede observar en muchas personas que, enfrentando circunstancias extremadamente difíciles, parecen encontrar una paz que otros no logran alcanzar. No se trata de que estas personas no sientan miedo o dolor, sino de que, a través de su fe, logran encontrar una manera de sobrellevarlo. La fe les da una perspectiva diferente. En lugar de ver sus problemas como algo sin solución o sin sentido, los ven como parte de un proceso mayor, algo que, en algún momento, tendrá una razón o un propósito. Esta perspectiva puede reducir enormemente la ansiedad y el estrés, pues transforma la manera en que se perciben los desafíos de la vida.

Un aspecto interesante de la fe es que, aunque muchas veces está relacionada con la religión, no necesariamente tiene que serlo. La fe, en un sentido más amplio, es la creencia en algo que no se puede ver o comprobar, pero que se siente como real en lo más profundo del ser. Para algunos, esa creencia está centrada en Dios o en una deidad específica, mientras que para otros, la fe puede estar en el destino, en el universo o incluso en el potencial del ser humano. Lo importante es que la fe crea un marco mental en el que las personas pueden depositar sus miedos y preocupaciones, confiando en que, de alguna manera, todo estará bien.

Este refugio psicológico que ofrece la fe también tiene una base en cómo funciona nuestra mente. Los seres humanos tenemos una profunda necesidad de encontrar sentido en nuestras vidas y en las experiencias que vivimos. Cuando algo no tiene explicación o parece injusto, nuestra mente puede entrar en un estado de caos, buscando respuestas que no siempre están a la mano. La fe, en este contexto, ofrece una solución. En lugar de tratar de entender todo de manera lógica, la fe permite aceptar que hay cosas que simplemente no podemos comprender en ese momento. Este acto de aceptación puede ser tremendamente liberador, pues nos quita el peso de tener que resolver todos los misterios de la vida por nosotros mismos.

Además, la fe también puede ser una fuente de fortaleza emocional. En lugar de sentirse abrumado por el dolor o la incertidumbre, alguien que tiene fe puede sentir que tiene una fuente de energía inagotable a la que recurrir. Esta fortaleza no necesariamente tiene que venir de un cambio en las circunstancias externas, sino de un cambio en la actitud interna. Creer que hay algo más grande cuidando de uno mismo, o que las dificultades son parte de un plan mayor, puede cambiar completamente la manera en que se enfrenta la adversidad. Este cambio de actitud puede ser lo que permita a una persona seguir adelante cuando todo parece perdido.

Por otro lado, el refugio psicológico que ofrece la fe también tiene un componente social. Muchas personas encuentran apoyo y consuelo en sus comunidades de fe. En momentos de dificultad, estas comunidades ofrecen no solo un espacio donde se puede expresar el dolor y la confusión, sino también un lugar donde se recibe el apoyo emocional de otros que comparten las mismas creencias. La sensación de pertenencia, de estar rodeado de personas que entienden y comparten la misma visión del mundo, puede ser un factor clave en la recuperación emocional. Sentir que no se está solo, que hay otros que también creen y que han pasado por experiencias similares, refuerza el refugio que la fe proporciona.

El poder de la fe como refugio también puede observarse en cómo ayuda a las personas a sobrellevar el miedo a lo desconocido, especialmente en temas como la muerte o el sufrimiento. La incertidumbre de lo que pasa después de la vida, o de por qué ocurren cosas malas, puede ser aterradora. Sin embargo, la fe proporciona respuestas o, al menos, una sensación de paz frente a esas preguntas. Creer que hay algo después de la muerte, o que el sufrimiento tiene un propósito mayor, puede aliviar el temor y ofrecer una especie de tranquilidad ante lo inevitable.

No se puede subestimar el poder de la fe en momentos de desesperación. Cuando todo lo demás parece fallar, cuando las soluciones lógicas ya no alcanzan, la fe puede ser el último recurso al que una persona se aferra. Y muchas veces, es precisamente ese último recurso el que permite salir adelante. La mente humana tiene una increíble capacidad de adaptación, y la fe es una de las herramientas más poderosas que tiene para encontrar un sentido incluso en las circunstancias más oscuras.

Por supuesto, no todos encuentran refugio en la fe de la misma manera. Algunas personas pueden tener dificultades para creer, especialmente cuando se enfrentan a situaciones muy dolorosas. Para estas personas, la idea de confiar en algo que no pueden ver o entender puede parecer imposible. Sin embargo, incluso en estos casos, la fe puede ser una herramienta útil si se la ve como una forma de soltar el control. A veces, el simple acto de dejar de resistirse a lo que está sucediendo, de aceptar que no se tiene el control de todo, puede ofrecer un tipo de refugio psicológico.

En resumen, la fe funciona como un refugio psicológico porque ofrece una manera de enfrentar el dolor, el miedo y la incertidumbre desde una perspectiva diferente. Nos permite soltar el control, aceptar que no todo está en nuestras manos y confiar en que, de alguna manera, todo se resolverá. Ya sea a través de la creencia en Dios, en el destino o en el potencial humano, la fe proporciona un espacio mental y emocional donde las personas pueden encontrar consuelo, fortaleza y sentido. En los momentos más oscuros, es este refugio el que muchas veces marca la diferencia entre rendirse o seguir adelante.

La Religión y el Miedo al Castigo

La religión ha jugado un papel crucial en la vida de las personas desde tiempos antiguos, moldeando sus creencias, comportamientos y valores. Una de las formas más poderosas en que la religión ha influido en las mentes humanas es a través del miedo al castigo. Este miedo ha sido utilizado como un medio para regular el comportamiento, estableciendo límites claros sobre lo que es considerado correcto e incorrecto. Desde el punto de vista psicológico, el miedo al castigo es un mecanismo muy eficaz para mantener a las personas dentro de un marco de conducta determinado, ya que nadie quiere sufrir las consecuencias de ir en contra de las reglas que se les han enseñado desde pequeños.

En muchas religiones, particularmente en el cristianismo, se ha enseñado que hay un castigo divino para aquellos que no siguen las normas impuestas por Dios. Este castigo se suele representar como el infierno, un lugar de tormento eterno donde las almas son enviadas después de la muerte si no han vivido de acuerdo con los preceptos religiosos. La idea del infierno es extremadamente aterradora, ya que no se trata de un simple castigo temporal, sino de algo eterno y completamente irreversible. Esto ha llevado a que muchas personas vivan con un miedo constante a cometer errores, a desobedecer las normas, e incluso a pensar de manera incorrecta, porque sienten que cualquier desvío podría llevarlas a ese terrible destino.

Este miedo al castigo no solo afecta el comportamiento externo de las personas, sino también su estado emocional. Muchas veces, el miedo a ser castigado por Dios genera altos niveles de ansiedad, especialmente en aquellos que se sienten incapaces de cumplir con las expectativas religiosas. La religión, en este contexto, no solo establece reglas de conducta, sino que también se mete en los pensamientos y deseos más íntimos de las personas. Por ejemplo, en el cristianismo se enseña que incluso los pensamientos impuros pueden ser motivo de castigo. Esto crea una presión psicológica muy grande, ya que no solo se trata de lo que uno hace, sino también de lo que uno piensa. Este control interno que impone el miedo al castigo puede hacer que las personas se sientan culpables y ansiosas incluso cuando no han hecho nada malo, pero han tenido pensamientos que consideran "pecaminosos."

Otra forma en la que el miedo al castigo se manifiesta en la religión es a través de las normas sobre el pecado. Las religiones suelen definir claramente lo que consideran pecaminoso, es decir, aquello que va en contra de la voluntad divina. Los pecados se clasifican de diversas maneras, pero lo que es común en casi todas las religiones es la idea de que el pecado debe ser castigado. Este castigo puede manifestarse de diferentes formas: desde consecuencias en la vida terrenal, como desgracias, enfermedades o sufrimiento, hasta castigos en la vida después de la muerte. Esto crea un fuerte incentivo para que las personas sigan las normas religiosas, no solo por el deseo de hacer lo correcto, sino por el miedo de lo que podría sucederles si no lo hacen.

El miedo al castigo también afecta las decisiones de las personas. Por ejemplo, alguien que está considerando hacer algo que sabe que está mal desde el punto de vista religioso, puede decidir no hacerlo simplemente porque tiene miedo de las consecuencias. Este miedo actúa como una barrera psicológica que impide que se lleven a cabo ciertas acciones, aun cuando podrían parecer beneficiosas o deseables en el momento. Esto puede tener un efecto positivo en algunos casos, ya que ayuda a evitar comportamientos destructivos o dañinos. Sin embargo, también puede tener un efecto negativo, ya que puede impedir que las personas tomen decisiones basadas en su propio juicio y conciencia, y en cambio, actúen solamente por temor.

Es importante entender que el miedo al castigo no solo se trata de miedo a las consecuencias divinas después de la muerte. Muchas religiones enseñan que Dios castiga en esta vida también. Esto puede incluir enfermedades, accidentes, pérdidas económicas o cualquier tipo de sufrimiento. Esta creencia puede llevar a que las personas vean cualquier cosa mala que les suceda como un castigo por algo que hicieron mal. Si una persona enferma gravemente o pierde su empleo, puede pensar que está siendo castigada por no haber seguido los preceptos religiosos de manera adecuada. Este tipo de creencia puede aumentar la carga emocional de la persona, ya que no solo está enfrentando una situación difícil, sino que también siente que es culpa suya y que Dios la está castigando.

Desde un punto de vista psicológico, el miedo al castigo religioso puede generar un ciclo de culpa y miedo que es difícil de romper. Las personas que temen constantemente hacer algo mal y ser castigadas, a menudo viven en un estado de tensión emocional. Cada decisión, cada pensamiento, cada acción se convierte en una fuente potencial de culpa, lo que aumenta el estrés y la ansiedad. En muchos casos, este miedo puede llevar a comportamientos compulsivos, como la necesidad de rezar constantemente o de realizar rituales religiosos para asegurarse de que están en el "camino correcto." Aunque estos comportamientos pueden ofrecer un alivio temporal, el miedo subyacente sigue ahí, y las personas pueden sentir que nunca están lo suficientemente seguras de haber evitado el castigo.

El miedo al castigo también ha sido utilizado históricamente como una herramienta de control social. Muchas instituciones religiosas han aprovechado este miedo para mantener a las masas bajo control. Al inculcar el temor de que cualquier desobediencia o desacato a las normas religiosas será castigado de manera severa, las autoridades religiosas han logrado que las personas sigan fielmente las reglas, incluso cuando estas reglas no siempre son justas o razonables. Este tipo de manipulación del miedo ha permitido que las instituciones religiosas mantengan su poder e influencia sobre grandes grupos de personas durante siglos. Incluso en la actualidad, en algunos lugares, el miedo al castigo divino sigue siendo una herramienta poderosa para mantener a las personas alineadas con los valores y normas de la religión dominante.

Es interesante notar cómo el miedo al castigo también afecta las relaciones interpersonales dentro de las comunidades religiosas. En muchas culturas religiosas, las personas vigilan el comportamiento de los demás y están atentas a cualquier transgresión. Este tipo de vigilancia social puede crear una atmósfera de desconfianza, en la que las personas no solo temen ser castigadas por Dios, sino también por su comunidad. Ser juzgado o rechazado por otros creyentes puede ser visto como una forma de castigo en sí misma, lo que añade una capa extra de presión para cumplir con las normas religiosas.

A pesar de los aspectos negativos que el miedo al castigo puede tener, es importante señalar que para muchas personas, este miedo también ha servido como una forma de disciplina moral. El temor a ser castigado puede llevar a las personas a comportarse de manera más ética y compasiva. Sin embargo, este comportamiento se basa en el miedo, y no en un deseo genuino de hacer el bien. Esto plantea una cuestión importante: ¿Es mejor actuar correctamente por miedo al castigo o por un sentido interno de lo que es justo y correcto?

En conclusión, el miedo al castigo es una de las fuerzas más poderosas que la religión ha utilizado para influir en las mentes humanas. Este miedo afecta no solo el comportamiento externo, sino también el estado emocional y psicológico de las personas. Desde la amenaza del infierno hasta la idea de que cualquier desgracia en la vida es un castigo divino, el miedo al castigo ha moldeado la forma en que las personas ven el mundo, a sí mismas y a los demás. Aunque este miedo puede tener efectos positivos al mantener un comportamiento moral, también puede generar una carga emocional y psicológica que es difícil de sobrellevar.

Religión y Autoestima

La religión y la autoestima son dos aspectos de la vida que, aunque pueden parecer independientes, están profundamente conectados en la experiencia de muchas personas. La religión, al ofrecer una estructura de creencias, normas y valores, puede influir significativamente en cómo nos percibimos a nosotros mismos y en cómo valoramos nuestras acciones y nuestro lugar en el mundo. La autoestima, que es la forma en que evaluamos nuestro propio valor y capacidad, puede verse afectada tanto positiva como negativamente por la influencia de las creencias religiosas.

Para algunas personas, la religión puede ser una fuente de autoestima y confianza personal. Cuando una persona siente que está viviendo de acuerdo con los principios de su fe, puede experimentar un sentido de orgullo y satisfacción personal. Seguir las enseñanzas de una religión y cumplir con sus expectativas puede hacer que una persona se sienta valorada, querida y aceptada, tanto por Dios como por su comunidad religiosa. Este tipo de reconocimiento externo, combinado con una creencia interna de que uno está viviendo correctamente, puede ser una gran fuente de autoestima. En este sentido, la religión puede proporcionar una guía clara sobre cómo ser una "buena persona," lo que refuerza un sentido positivo del yo.

Por otro lado, cuando las personas sienten que no cumplen con los altos estándares impuestos por su religión, la religión puede convertirse en una fuente de baja autoestima. Muchas religiones enseñan que los seres humanos son inherentemente imperfectos o pecadores y que necesitan esforzarse constantemente para alcanzar la salvación o la gracia divina. Esta creencia puede generar un sentimiento de insuficiencia en algunas personas, que se ven a sí mismas como incapaces de cumplir con los estándares religiosos. El constante énfasis en el pecado y la necesidad de redención puede llevar a las personas a verse como defectuosas o indignas, lo que impacta directamente en su autoestima.

Uno de los problemas que muchas personas enfrentan en su relación entre religión y autoestima es la sensación de que nunca son lo suficientemente buenas. Esto puede ocurrir en religiones que tienen normas estrictas sobre lo que se considera un comportamiento moral. Por ejemplo, en algunas ramas del cristianismo, se espera que las personas sean humildes, piadosas, generosas y estén siempre atentas a las necesidades de los demás. Aunque estos son valores importantes, pueden crear una presión excesiva en algunas personas, que sienten que no son capaces de vivir siempre de acuerdo con estos ideales. El miedo a no ser lo suficientemente buenas a los ojos de Dios o de su comunidad religiosa puede generar un fuerte sentimiento de inadecuación y afectar gravemente la autoestima.

Es importante reconocer que, en muchas religiones, se enseña que la autoestima no debe provenir de los logros personales o del reconocimiento externo, sino de la relación con Dios. En este contexto, la autoestima se basa en el hecho de que una persona es amada y valorada por Dios, independientemente de sus defectos o fracasos. Esta idea puede ser increíblemente liberadora para algunas personas, ya que les permite sentir que su valor no depende de lo que hacen, sino de quiénes son en esencia como seres creados por Dios. Esta forma de autoestima basada en la fe puede ser muy poderosa, especialmente en momentos de duda o dificultad, ya que ofrece un sentido de valor intrínseco que no depende de las circunstancias externas.

Sin embargo, esta misma creencia también puede tener un lado oscuro. En algunas religiones, se enseña que el valor de una persona está completamente subordinado a la voluntad de Dios y que, sin la gracia divina, una persona no tiene valor por sí misma. Esta idea puede llevar a algunas personas a creer que no tienen ningún valor intrínseco aparte de su relación con Dios, lo que puede hacer que se sientan dependientes de la aprobación divina para sentirse valiosas. Si estas personas experimentan una crisis de fe o sienten que han fallado en su relación con Dios, su autoestima puede desplomarse, ya que su valor personal está completamente atado a su cumplimiento de los preceptos religiosos.

Otro aspecto interesante de la relación entre religión y autoestima es cómo la comunidad religiosa puede influir en el sentido de valía personal de una persona. En muchas religiones, la comunidad es un pilar fundamental. La pertenencia a un grupo religioso puede ofrecer un fuerte sentido de identidad y pertenencia, lo que puede mejorar la autoestima. Cuando una persona se siente aceptada y valorada por su comunidad religiosa, puede desarrollar un sentido de sí misma más positivo. La comunidad puede proporcionar apoyo emocional, orientación y un espacio donde las personas se sientan escuchadas y comprendidas, lo que es clave para una autoestima saludable.

Sin embargo, también puede ocurrir lo contrario. En algunas comunidades religiosas, las normas y expectativas pueden ser tan estrictas que las personas sienten que están constantemente bajo juicio. La crítica o el rechazo de una comunidad religiosa pueden ser devastadores para la autoestima de una persona, ya que pueden interpretarlo como un signo de que no son lo suficientemente buenos a los ojos de Dios o de sus compañeros creyentes. En lugar de sentirse apoyadas y valoradas, estas personas pueden sentirse aisladas, rechazadas o indignas, lo que afecta negativamente su autoestima.

Además, es importante considerar cómo las enseñanzas religiosas sobre el perdón y la gracia pueden afectar la autoestima. En muchas religiones, se enseña que, aunque los seres humanos son imperfectos, siempre hay una oportunidad para redimirse y ser perdonados. Esta idea puede ser una fuente de esperanza y sanación para las personas que luchan con la baja autoestima, ya que les ofrece la posibilidad de un nuevo comienzo y de ser aceptados a pesar de sus fallos. El perdón divino puede ser visto como una forma de restaurar la autoestima, ya que permite a las personas liberarse del peso de la culpa y la vergüenza.

Sin embargo, algunas personas pueden tener dificultades para aceptar el concepto de perdón, lo que afecta su autoestima. Si una persona cree que sus pecados o errores son demasiado grandes para ser perdonados, o si siente que no es digna del perdón, puede quedarse atrapada en un ciclo de autojuicio y culpa. Esta incapacidad para aceptar el perdón, tanto de sí misma como de Dios, puede perpetuar una baja autoestima y dificultar el desarrollo de una imagen positiva de sí misma.

Finalmente, es esencial destacar cómo las enseñanzas religiosas sobre la humildad pueden interactuar con la autoestima. Muchas religiones promueven la idea de que es importante ser humilde y no buscar la exaltación personal. Aunque la humildad es un valor importante, puede ser malinterpretada por algunas personas, que creen que ser humildes significa desvalorarse o no reconocer sus propias cualidades y logros. Esta interpretación errónea de la humildad puede llevar a que algunas personas repriman su autoestima, creyendo que deben minimizar su valor para agradar a Dios o a su comunidad religiosa.

En conclusión, la relación entre religión y autoestima es compleja y multifacética. La religión puede ser una fuente poderosa de autoestima para aquellos que se sienten alineados con sus creencias y valores, ya que les proporciona un sentido de propósito, pertenencia y valor intrínseco. Sin embargo, también puede ser una fuente de conflicto interno para aquellos que luchan con las expectativas religiosas o con el sentimiento de que nunca son lo suficientemente buenos. La clave para desarrollar una autoestima saludable en el contexto religioso radica en encontrar un equilibrio entre la humildad y el reconocimiento del propio valor, y en aprender a aceptar tanto los propios defectos como la gracia y el perdón que la religión puede ofrecer.

Adrian Collins

El Impacto Psicológico del Liderazgo Religioso

El liderazgo religioso tiene un impacto profundo en la vida de las personas que forman parte de comunidades de fe. Este tipo de liderazgo, que puede ser ejercido por pastores, sacerdotes, ministros o cualquier figura que represente autoridad dentro de una religión, no solo influye en la práctica religiosa de los creyentes, sino también en su bienestar psicológico. Para muchos, el líder religioso se convierte en una figura que guía tanto en el ámbito espiritual como en el personal, ayudando a las personas a enfrentar problemas cotidianos, dudas existenciales, y situaciones emocionales difíciles. Sin embargo, esta influencia puede ser tanto positiva como negativa, dependiendo de la calidad del liderazgo y de la relación que se construya con los miembros de la comunidad.

En el lado positivo, un líder religioso puede actuar como un mentor que ofrece consuelo, apoyo y orientación. Este tipo de líder puede proporcionar un sentido de estabilidad emocional y psicológica en momentos de crisis, recordando a las personas que no están solas y que siempre pueden contar con su comunidad de fe. El sentimiento de pertenencia a un grupo, donde un líder proporciona seguridad y dirección, puede ser increíblemente beneficioso para la salud mental. Por ejemplo, en momentos de luto, ansiedad o depresión, una persona puede acudir a su líder religioso en busca de palabras de aliento que la ayuden a ver la vida desde una perspectiva de esperanza y confianza en que las cosas mejorarán.

Un buen líder religioso no solo enseña sobre la fe, sino que también muestra compasión y empatía. Esta conexión emocional con los seguidores es esencial para fomentar un ambiente de apoyo y crecimiento personal. Muchas personas buscan en sus líderes un ejemplo a seguir, y cuando el líder es una figura amable, justa y accesible, puede inspirar a otros a mejorar sus propias vidas. Desde un punto de vista psicológico, esto puede ayudar a las personas a sentir un mayor sentido de propósito y dirección, lo que contribuye a una mejor salud mental. Además, el liderazgo religioso puede fomentar la resiliencia, ayudando a las personas a encontrar fortaleza en su fe durante los momentos difíciles.

Por otro lado, cuando el liderazgo religioso se ejerce de manera autoritaria o manipuladora, el impacto psicológico puede ser devastador. Algunas personas pueden sentirse controladas o presionadas por líderes que usan su autoridad para imponer reglas estrictas o crear un ambiente de temor. Este tipo de liderazgo no promueve el bienestar mental, sino que genera angustia y sentimientos de culpa. Cuando los líderes religiosos recurren al miedo o la culpa para mantener el control sobre sus seguidores, muchas personas experimentan una baja autoestima y un constante temor al juicio, tanto de Dios como de la comunidad. Esto puede llevar a un ciclo de ansiedad y autocrítica que afecta gravemente la salud mental.

Además, algunos líderes religiosos pueden aprovecharse de su posición para manipular emocionalmente a las personas, llevándolas a creer que deben seguir ciegamente sus instrucciones sin cuestionar. Esto puede crear una dependencia psicológica, donde las personas no se sienten capaces de tomar decisiones importantes por sí mismas sin consultar primero con su líder religioso. Esta pérdida de autonomía puede ser perjudicial, ya que puede dificultar el desarrollo personal y la capacidad de enfrentarse a los desafíos de la vida de manera independiente. En lugar de empoderar a las personas, este tipo de liderazgo las debilita psicológicamente.

Otro aspecto del liderazgo religioso que puede tener un impacto significativo en la psicología de las personas es cómo se manejan las expectativas dentro de la comunidad. Un líder religioso que exige una perfección inalcanzable de sus seguidores puede causar un profundo daño psicológico. Algunas personas pueden sentirse constantemente juzgadas o inadecuadas, luchando por cumplir con expectativas que son imposibles de alcanzar. Este tipo de ambiente puede llevar a una mayor ansiedad, depresión y sentimientos de fracaso. En lugar de sentirse apoyadas y comprendidas, estas personas pueden experimentar aislamiento emocional y una sensación de que nunca son lo suficientemente buenas para su comunidad o para Dios.

Sin embargo, no todo el liderazgo religioso autoritario o estricto tiene un impacto negativo. En algunos casos, las personas buscan líderes que ofrezcan reglas claras y firmes, ya que esto les proporciona un sentido de seguridad y estructura en sus vidas. Para algunas personas, tener un líder que les diga exactamente qué hacer puede ser reconfortante, ya que les quita la responsabilidad de tomar decisiones difíciles por sí mismas. Aunque esta relación de dependencia puede no ser ideal para el desarrollo personal a largo plazo, puede ofrecer alivio a corto plazo para quienes se sienten abrumados por las incertidumbres de la vida.

Es importante señalar que el impacto psicológico del liderazgo religioso también puede variar según el contexto cultural y social. En algunas culturas, el líder religioso ocupa un papel central en la vida comunitaria, y su influencia puede extenderse a todas las áreas de la vida de una persona, desde las relaciones familiares hasta las decisiones profesionales. En estos casos, el líder religioso no solo guía en asuntos de fe, sino que también dicta normas sociales y éticas que los miembros de la comunidad deben seguir. En estas situaciones, la influencia psicológica del liderazgo religioso es aún más profunda, ya que afecta casi todos los aspectos de la identidad y la vida cotidiana de las personas.

Cuando el liderazgo religioso se combina con el poder político, su impacto psicológico puede volverse aún más complicado. En algunos contextos, los líderes religiosos tienen una influencia directa sobre las leyes y políticas de un país o una región, lo que significa que su autoridad no solo afecta la vida espiritual de las personas, sino también su vida pública. Este tipo de liderazgo puede reforzar un sentido de conformidad social, donde las personas sienten que deben seguir las enseñanzas religiosas para ser aceptadas tanto en su comunidad como en la sociedad en general. Esto puede generar una presión psicológica adicional, ya que las personas no solo se sienten responsables ante Dios, sino también ante el sistema social en el que viven.

Por otro lado, el liderazgo religioso puede ser una fuerza poderosa para el cambio social y psicológico. Muchos líderes religiosos han sido catalizadores de movimientos de justicia social y derechos humanos, utilizando su posición de influencia para promover el bienestar y la dignidad de las personas. En estos casos, el impacto psicológico del liderazgo religioso puede ser enormemente positivo, ya que ayuda a empoderar a las personas y a motivarlas a luchar por un mundo mejor. Un líder religioso comprometido con el bienestar de sus seguidores puede inspirar un sentido de esperanza y propósito que transforma vidas y comunidades.

En última instancia, el impacto psicológico del liderazgo religioso depende en gran medida del estilo de liderazgo y de la relación que se establezca entre el líder y sus seguidores. Un liderazgo basado en el amor, la compasión y el respeto puede ser una fuente increíblemente poderosa de bienestar psicológico. Sin embargo, cuando el liderazgo se ejerce de manera opresiva o manipuladora, puede causar un daño significativo a la salud mental. Por esta razón, es crucial que los líderes religiosos sean conscientes de la responsabilidad que tienen sobre la vida emocional y psicológica de las personas que guían, y que utilicen su influencia para promover el bienestar en lugar de controlar o manipular.

Para los seguidores, es importante reconocer que, aunque los líderes religiosos pueden ofrecer una guía valiosa, el bienestar psicológico y la salud mental dependen en última instancia de la capacidad de cada persona para tomar decisiones por sí misma, construir relaciones saludables y encontrar un equilibrio entre la fe y la autonomía personal.

La Psicología de la Conversión Religiosa

La conversión religiosa es uno de los fenómenos más fascinantes en el campo de la psicología, ya que implica un cambio profundo no solo en las creencias de una persona, sino también en su identidad, su forma de ver el mundo y cómo se relaciona con los demás. Cuando alguien experimenta una conversión, ya sea hacia una nueva religión o una reafirmación más profunda de su fe existente, los efectos psicológicos pueden ser intensos y transformadores. La conversión religiosa puede ocurrir de muchas maneras, pero siempre implica una serie de factores psicológicos que ayudan a entender por qué alguien elige, o siente la necesidad de, cambiar su creencia espiritual.

Uno de los primeros aspectos que debemos considerar cuando hablamos de la conversión religiosa es el estado emocional de la persona antes de la conversión. En muchos casos, las personas que se convierten atraviesan una crisis personal o una etapa de incertidumbre en sus vidas. Esta crisis puede ser emocional, como la pérdida de un ser querido, una ruptura amorosa o un sentimiento de vacío existencial. O puede ser una crisis más práctica, como problemas económicos, dificultades laborales o familiares. Durante estos momentos, las personas suelen buscar algo que les proporcione estabilidad, consuelo y una nueva forma de entender su situación. La religión, para muchos, ofrece respuestas y un sentido de propósito que puede ayudar a superar esas dificultades.

La psicología explica que, en estos momentos de vulnerabilidad, la mente está más abierta a nuevas ideas y creencias. Esto no significa que la conversión religiosa solo ocurra en momentos de debilidad, pero sí que las personas en situaciones de estrés o incertidumbre son más propensas a buscar refugio en algo que les ofrezca seguridad. La religión, con sus promesas de salvación, consuelo espiritual y una comunidad que los apoye, parece una solución ideal. El proceso de conversión suele comenzar con un contacto inicial con la religión o la comunidad religiosa, que puede ser a través de un amigo, un familiar, una experiencia espiritual o incluso el simple hecho de asistir a una iglesia o lugar de culto.

Una vez que la persona entra en contacto con esta nueva creencia, ocurre un fenómeno psicológico llamado disonancia cognitiva. Este concepto se refiere a la incomodidad que sentimos cuando nuestras creencias o valores actuales entran en conflicto con una nueva información o experiencia. En el caso de la conversión religiosa, la persona puede experimentar una sensación de desajuste entre su vida actual y la promesa de una vida más plena o significativa que ofrece la nueva religión. Esta disonancia crea una presión interna para resolver el conflicto, y la forma en que se resuelve a menudo lleva a la conversión.

Resolver esta disonancia puede tomar tiempo. Algunas personas comienzan a asistir a servicios religiosos, a leer textos sagrados o a hablar con otros creyentes para comprender mejor la nueva religión. A medida que se adentran en la fe, la disonancia cognitiva disminuye, ya que la persona comienza a aceptar las nuevas creencias como una solución a sus problemas o preguntas existenciales. En este punto, la conversión se convierte en un proceso gradual en el que la persona empieza a interiorizar las enseñanzas religiosas y a aplicar esos principios a su vida diaria.

Pero la conversión religiosa no es solo un cambio de creencias; también implica una transformación en la identidad de la persona. Este cambio de identidad es crucial en el proceso psicológico de la conversión. A través de la religión, la persona no solo adopta un nuevo sistema de creencias, sino que también comienza a verse a sí misma de manera diferente. Por ejemplo, puede comenzar a verse como un hijo o hija de Dios, como alguien que tiene un propósito divino o como alguien que ha sido perdonado por errores pasados. Este cambio en la identidad proporciona una sensación de renovación, que puede ser muy poderosa desde una perspectiva psicológica. La persona siente que ha renacido, que ha dejado atrás una vida anterior llena de errores o vacíos, y que ahora tiene una nueva vida con propósito y dirección.

Otro factor psicológico importante en la conversión religiosa es la pertenencia a una comunidad. La mayoría de las religiones no solo ofrecen un sistema de creencias, sino también una comunidad de personas que comparten esos valores y creencias. Sentirse parte de una comunidad puede ser increíblemente valioso para una persona que está pasando por una conversión. Esta sensación de pertenencia y aceptación puede reforzar aún más la decisión de adoptar la nueva fe. Además, las interacciones sociales dentro de la comunidad religiosa pueden ayudar a la persona a sentirse apoyada, comprendida y menos sola en su proceso de transformación.

También es importante señalar que la conversión religiosa puede traer consigo un sentido de control personal. Para muchas personas, la vida puede parecer caótica e impredecible. La religión, con sus enseñanzas claras sobre el bien y el mal, el propósito de la vida y el significado de la existencia, ofrece una estructura y un orden que puede hacer que las personas sientan que tienen más control sobre sus vidas. El hecho de tener respuestas a preguntas difíciles o sentir que existe un plan mayor puede reducir la ansiedad y proporcionar una sensación de paz interior. Psicológicamente, esto es muy beneficioso, ya que reduce los niveles de estrés y aumenta la sensación de bienestar general.

Sin embargo, también debemos reconocer que no todas las conversiones religiosas son necesariamente positivas. En algunos casos, la conversión puede ser el resultado de una presión social o de una manipulación emocional. Las personas que se encuentran en un estado de vulnerabilidad emocional o mental pueden ser susceptibles a influencias externas, y algunas comunidades o líderes religiosos pueden aprovecharse de esta vulnerabilidad para atraer nuevos seguidores. En estos casos, la conversión puede no estar basada en una búsqueda genuina de fe, sino en una necesidad de pertenecer o sentirse aceptado, lo que a largo plazo podría generar conflictos internos si la persona se da cuenta de que ha adoptado creencias que no son verdaderamente suyas.

La psicología de la conversión también nos invita a considerar el papel de las experiencias emocionales intensas. Para muchas personas, la conversión está vinculada a una experiencia espiritual profunda que cambia la forma en que ven el mundo. Estas experiencias pueden ser interpretadas como un encuentro con lo divino, una revelación o un momento de claridad. Desde el punto de vista psicológico, estas experiencias pueden ser tan poderosas que llevan a una transformación radical en la forma en que la persona entiende su vida y su propósito. Estas emociones intensas no solo refuerzan la conversión, sino que también crean una conexión emocional con la nueva fe que es difícil de romper.

En resumen, la conversión religiosa es un proceso complejo que involucra múltiples factores psicológicos, desde la búsqueda de consuelo en momentos de crisis, hasta la resolución de disonancias cognitivas y la transformación de la identidad. Este proceso puede traer paz, sentido y pertenencia a la vida de las personas, pero también puede surgir en contextos donde la presión social o la manipulación juegan un papel. Cada conversión es única, y comprender la psicología detrás de este fenómeno nos permite ver más claramente por qué la religión sigue siendo una fuerza tan poderosa en la vida de las personas. Al final, la conversión no es solo un cambio de creencias, sino una renovación total de cómo una persona se ve a sí misma y al mundo que la rodea.

El Cristianismo y la Psicología del Sacrificio Personal

El cristianismo, desde sus orígenes, ha enfatizado la importancia del sacrificio personal como un acto de amor, fe y entrega. Esta idea de sacrificarse por el bien de los demás, o por una causa mayor, es uno de los pilares fundamentales de la fe cristiana. La figura de Jesucristo, quien se sacrificó en la cruz para redimir los pecados de la humanidad, es el ejemplo máximo de este concepto. Pero más allá de la historia bíblica, el sacrificio personal en el cristianismo tiene profundas implicaciones psicológicas, y es una parte importante de cómo muchas personas experimentan su fe en la vida cotidiana.

Desde una perspectiva psicológica, el sacrificio personal puede verse como una forma de encontrar significado y propósito en la vida. Muchas personas, cuando atraviesan dificultades o enfrentan desafíos, pueden encontrar consuelo en la idea de que su sufrimiento tiene un propósito mayor. La creencia de que, al sacrificarse, están siguiendo el ejemplo de Cristo o contribuyendo al bienestar de otros, les da una sensación de control y dirección en medio de la adversidad. Este sentido de propósito puede aliviar el estrés y la ansiedad que a menudo acompañan los momentos difíciles.

El sacrificio también está estrechamente relacionado con la idea de la renuncia. En el cristianismo, se alienta a los creyentes a renunciar a los deseos egoístas, los placeres terrenales y, en algunos casos, incluso a su propio bienestar, en favor de los demás o de su relación con Dios. Este proceso de renuncia puede ser visto como una forma de auto-disciplina, donde el individuo aprende a controlar sus impulsos y deseos para alcanzar una vida más espiritual. Psicológicamente, esta auto-disciplina puede tener efectos positivos, ya que enseña a la persona a retrasar la gratificación, a enfocarse en metas a largo plazo y a desarrollar un mayor control sobre sus emociones y acciones.

Sin embargo, el sacrificio personal en el cristianismo no solo se trata de renunciar a cosas materiales o placeres temporales. Muchas veces, implica sacrificios emocionales o interpersonales. Esto puede incluir perdonar a alguien que nos ha hecho daño, ayudar a quienes más lo necesitan, o incluso dedicar tiempo y esfuerzo a causas que no ofrecen recompensas inmediatas o tangibles. Estos actos de sacrificio, aunque pueden ser difíciles, a menudo generan un profundo sentido de satisfacción y conexión con algo más grande que uno mismo.

Cuando una persona se sacrifica por otra, ya sea por su familia, amigos o incluso por desconocidos, experimenta un aumento en la autoestima y en su sentido de valor personal. Esto ocurre porque el sacrificio se asocia con la idea de hacer lo correcto, de ser una buena persona o de actuar de acuerdo con los principios morales más elevados. Para los cristianos, estos principios están vinculados a los mandamientos de amor y compasión enseñados por Jesús, lo que refuerza la idea de que el sacrificio personal es una expresión directa de su fe. Psicológicamente, esto refuerza la identidad y los valores del creyente, lo que le permite sentirse en paz consigo mismo y con su relación con Dios.

Otro aspecto importante del sacrificio en el cristianismo es su relación con la redención. En muchos casos, el sacrificio se ve como una forma de expiar los errores o pecados cometidos. La idea de que uno puede "pagar" por sus malas acciones o errores personales a través del sacrificio tiene un fuerte componente psicológico, ya que proporciona una forma de alivio de la culpa y el remordimiento. Cuando una persona siente que ha hecho algo mal, el sacrificio se convierte en una manera tangible de corregir ese error, de equilibrar lo que está mal y de restaurar un sentido de equilibrio moral.

El sacrificio personal también tiene un impacto en la comunidad cristiana. Al igual que Jesús se sacrificó por la humanidad, los creyentes están llamados a sacrificarse unos por otros. Este acto de sacrificio mutuo crea lazos fuertes entre los miembros de la comunidad, ya que cada uno está dispuesto a poner las necesidades del otro por encima de las suyas. Desde el punto de vista psicológico, este sentido de comunidad y apoyo mutuo fortalece la identidad grupal, creando una red de relaciones interpersonales que proporciona apoyo emocional y social. En tiempos de crisis, este sentido de comunidad puede ser una fuente vital de fortaleza y resiliencia.

Sin embargo, también es importante reconocer que el sacrificio personal en el cristianismo puede tener un lado oscuro cuando se lleva al extremo. Algunas personas pueden sentirse obligadas a sacrificar tanto de sí mismas que descuidan su propio bienestar, tanto físico como emocional. En estos casos, el sacrificio ya no es una expresión saludable de fe, sino una carga que puede llevar a la persona a la autonegación y, en algunos casos, a la depresión o al agotamiento. Es por eso que, desde un punto de vista psicológico, es importante encontrar un equilibrio entre el sacrificio personal y el cuidado de uno mismo. Sacrificarse por los demás no debe significar destruirse a uno mismo en el proceso.

El sacrificio en el cristianismo también está vinculado al concepto de humildad. Al sacrificar algo por otra persona, el individuo se coloca en una posición de servicio. Este acto de humildad puede ser muy beneficioso para la salud mental, ya que ayuda a la persona a desapegarse de su ego y a ver el mundo desde una perspectiva más amplia. En lugar de centrarse en sus propios problemas o deseos, la persona aprende a preocuparse por el bienestar de los demás. Desde una perspectiva psicológica, esto puede reducir la ansiedad y el estrés, ya que la persona no se siente tan atrapada en sus propios problemas personales.

Además, el sacrificio personal en el cristianismo a menudo va acompañado de la idea de recompensa futura. Aunque puede que no haya recompensas inmediatas por sacrificar el tiempo, la energía o los recursos, la creencia en una recompensa celestial o en una vida eterna en el cielo proporciona un incentivo psicológico poderoso. Esta creencia puede ayudar a las personas a sobrellevar los sacrificios en el presente, ya que confían en que estos sacrificios serán recompensados en el futuro. Esta expectativa de recompensa puede hacer que el acto de sacrificarse sea más llevadero y, en algunos casos, incluso placentero, ya que refuerza la idea de que el sufrimiento tiene un propósito mayor.

En resumen, el sacrificio personal en el cristianismo es un concepto profundo que tiene múltiples dimensiones psicológicas. Desde el alivio del sufrimiento a través del sentido de propósito, hasta el fortalecimiento de la autoestima y las conexiones comunitarias, el sacrificio juega un papel crucial en cómo los cristianos experimentan su fe. Aunque puede haber riesgos asociados con el sacrificio excesivo, cuando se practica de manera equilibrada, puede ser una fuente de gran fortaleza emocional y espiritual. A través del sacrificio, los creyentes no solo se conectan más profundamente con su fe, sino también con los demás, encontrando un significado más profundo en sus vidas y en su relación con Dios.

La Psicología de la Fe en el Siglo XXI

La psicología de la fe en el siglo XXI es un tema complejo que refleja cómo las creencias religiosas continúan influyendo en la mente humana, pero de maneras que se han transformado con los cambios sociales, culturales y tecnológicos. En una época marcada por la globalización, el acceso instantáneo a la información y el avance de la ciencia, la fe sigue siendo un aspecto fundamental de la vida de muchas personas. Sin embargo, las formas en que las personas experimentan y practican su fe han evolucionado. Hoy en día, la fe no se vive únicamente dentro de las estructuras tradicionales como las iglesias o templos, sino que se ha extendido a nuevos espacios como las redes sociales, los movimientos espirituales y las comunidades virtuales. A pesar de estos cambios, el impacto de la fe en la mente humana sigue siendo significativo.

Una de las principales formas en que la fe afecta la psicología en el siglo XXI es a través del sentido de pertenencia. En un mundo cada vez más desconectado, donde la gente a menudo se siente aislada a pesar de estar conectada virtualmente, la fe ofrece una comunidad, un lugar donde las personas pueden compartir sus creencias y valores. Desde un punto de vista psicológico, pertenecer a un grupo que comparte la misma fe puede proporcionar seguridad emocional, reducir el estrés y ofrecer apoyo en momentos de crisis. La fe actúa como una red de contención, especialmente cuando las personas atraviesan dificultades o momentos de incertidumbre. Saber que uno no está solo y que pertenece a algo más grande puede ser un ancla poderosa en un mundo lleno de caos e incertidumbre.

En el siglo XXI, las personas viven en una era donde la ciencia y la razón juegan un papel crucial en la vida diaria. A pesar de los avances científicos, muchas personas continúan encontrando consuelo en la fe, ya que responde a preguntas que la ciencia no puede responder. Desde un punto de vista psicológico, la fe cumple una función al dar sentido a lo inexplicable. Temas como la muerte, el propósito de la vida o la existencia del alma son difíciles de abordar desde una perspectiva puramente racional. Aquí es donde la fe entra en juego, proporcionando una narrativa que puede ayudar a las personas a lidiar con estos temas profundos y, a menudo, angustiosos. Psicológicamente, tener una creencia firme en algo trascendental puede reducir la ansiedad existencial y ofrecer una paz mental que la ciencia, por sí sola, no puede proporcionar.

La fe también tiene un efecto psicológico en la forma en que las personas enfrentan la adversidad. Para muchos, la creencia en un poder superior o en un propósito divino les permite sobrellevar situaciones difíciles con más serenidad. Cuando alguien cree que todo sucede por una razón o que está bajo el cuidado de una fuerza divina, es más probable que enfrente los problemas con una actitud de resiliencia. En el siglo XXI, donde las personas están constantemente enfrentando presiones sociales, económicas y personales, la fe actúa como un recurso interno que les permite seguir adelante. Este aspecto psicológico de la fe está profundamente arraigado en la forma en que las personas buscan superar el estrés y las dificultades diarias. Para aquellos que tienen una creencia fuerte, la fe no solo es un refugio espiritual, sino también una herramienta psicológica que les da la fuerza necesaria para seguir adelante.

En este siglo, la fe también ha sido desafiada por la pluralidad de creencias y el contacto constante con otras culturas y religiones. A través de internet y las redes sociales, las personas están expuestas a diferentes puntos de vista, lo que ha llevado a una mayor diversidad en la forma en que se experimenta la fe. Este fenómeno ha tenido un impacto psicológico interesante: para algunos, esta exposición a diferentes creencias ha fortalecido su fe, mientras que para otros ha generado dudas y cuestionamientos. En un mundo globalizado, la fe ya no es algo que se da por sentado; se convierte en una elección consciente que las personas deben hacer. Psicológicamente, esta elección puede ser liberadora, ya que permite a las personas explorar diferentes creencias y encontrar la que más resuene con ellos. Sin embargo, también puede ser fuente de angustia para aquellos que sienten que deben cuestionar o redefinir lo que antes daban por seguro.

Otra dimensión de la fe en el siglo XXI es su relación con la tecnología. Las iglesias y comunidades religiosas han comenzado a adaptarse a la era digital, ofreciendo servicios en línea, grupos de oración virtuales y contenidos religiosos a través de plataformas como YouTube, Facebook o Instagram. Desde un punto de vista psicológico, esto tiene un doble efecto. Por un lado, permite a las personas mantener su fe activa y conectada a una comunidad, incluso si están físicamente distantes o aisladas. Pero por otro lado, también puede diluir la experiencia espiritual, al hacer que el acto de fe se convierta en algo más superficial o consumible, como cualquier otro contenido digital. La psicología de la fe en el siglo XXI, entonces, debe lidiar con este equilibrio entre la conexión genuina y la sobreexposición tecnológica.

Un tema crucial que también debe abordarse es el papel de la fe en la salud mental en el siglo XXI. Cada vez más estudios muestran que la fe y la espiritualidad pueden tener un efecto positivo en la salud mental. Para muchas personas, practicar su fe les ayuda a lidiar con la depresión, la ansiedad y el estrés. La oración, la meditación y otros rituales religiosos se han utilizado como herramientas para calmar la mente y encontrar equilibrio emocional. Desde una perspectiva psicológica, estos actos de fe funcionan como mecanismos de afrontamiento que permiten a las personas reducir sus niveles de estrés, sentirse más conectadas con algo mayor que ellas mismas y, en última instancia, encontrar consuelo en tiempos difíciles.

Sin embargo, no se puede ignorar el hecho de que la fe también puede tener efectos negativos en la psicología de las personas, especialmente cuando se utiliza para justificar el control o la manipulación. En algunas situaciones, la religión puede ser utilizada como una herramienta de poder, donde los líderes religiosos imponen su visión del mundo y exigen un comportamiento que puede ser perjudicial para la libertad psicológica de las personas. En el siglo XXI, las personas deben ser más conscientes de estos peligros y aprender a encontrar un equilibrio saludable entre su fe personal y su bienestar psicológico. La fe debe ser una fuente de fortaleza y apoyo, no una carga o una forma de manipulación.

Por último, la psicología de la fe en el siglo XXI también refleja un cambio en la forma en que las personas ven su relación con lo divino. Mientras que en siglos anteriores, la fe se experimentaba principalmente dentro de las estructuras religiosas tradicionales, hoy muchas personas buscan una relación más personal e individual con lo sagrado. Este enfoque más íntimo permite a las personas personalizar su fe de acuerdo a sus necesidades y experiencias individuales. Psicológicamente, esto puede ser muy beneficioso, ya que permite a las personas sentir que tienen un control activo sobre su espiritualidad y que pueden adaptarla para satisfacer sus propias necesidades emocionales y mentales.

En resumen, la fe en el siglo XXI sigue desempeñando un papel fundamental en la psicología humana, pero lo hace de formas que han evolucionado con el tiempo. Desde el sentido de pertenencia y el alivio del estrés hasta la búsqueda de respuestas a preguntas existenciales, la fe continúa siendo un refugio para millones de personas. Al mismo tiempo, la tecnología, la globalización y la pluralidad de creencias han transformado la manera en que las personas practican y experimentan su fe. La psicología de la fe en este siglo es una mezcla de tradición y modernidad, y sigue siendo una parte esencial de la vida humana, tanto en sus aspectos positivos como en sus desafíos.